INTERNATIONAL
ICE HOCKEY
FEDERATION

冰球竞赛手册

中国冰球协会 审定

北京体育大学出版社

选题策划：郭英俊
责任编辑：吴海燕
责任校对：吴　珂
版式设计：华泰联合

图书在版编目（CIP）数据

冰球竞赛手册 / 中国冰球协会审定. -- 北京：北京体育大学出版社, 2021.4
ISBN 978-7-5644-3223-2

Ⅰ. ①冰… Ⅱ. ①中… Ⅲ. ①冰球运动－竞赛规则－世界－手册 Ⅳ. ①G862.34-62

中国版本图书馆CIP数据核字(2019)第194521号

冰球竞赛手册 BINGQIU JINGSAI SHOUCE　　中国冰球协会　审定

出版发行：北京体育大学出版社
地　　址：北京市海淀区农大南路1号院硅谷亮城2B-212
邮　　编：100084
发 行 部：010-62989320
邮 购 部：北京体育大学出版社读者服务部　010-62989432

印　　刷：北京地大彩印有限公司
开　　本：710 mm × 1000 mm　1/16
成品尺寸：170 mm × 240 mm
印　　张：15
字　　数：264 千字
版　　次：2021年 4 月第 1 版
印　　次：2021年 4 月第 1 次印刷
定　　价：68.00 元

编译委员会

（按姓氏笔画排序）

译序

党的十八大以来，以习近平同志为核心的党中央高度重视体育工作，把体育事业融入实现“两个一百年”奋斗目标大格局中，统筹谋划、推动体育事业改革发展。自 2015 年成功申办北京冬奥会以来，国家相继出台《全国冰雪场地设施建设规划（2016—2022 年）》《关于以 2022 年北京冬奥会为契机大力发展冰雪运动的意见》《体育强国建设纲要》等重要政策，全力推进北京冬奥会、冬残奥会备战工作，实施北冰“南展、西扩、东进”，“带动三亿人参与冰雪运动”。加快发展冰雪运动成为体育强国建设的长期重点任务，冰球运动迎来了前所未有的发展机遇。

冰球运动是冬奥会上最重要的竞技项目，也是国际体坛上高度市场化与职业化的集体球类项目。长期以来，我国冰球整体发展水平与世界冰球强国相比，还存在较大的差距。举办北京冬奥会、冬残奥会、建设体育强国，既给冰球运动提供了强劲的发展驱动力，也给冰球运动提出了更为全面高远的目标。在推进我国冰球发展的战略体系中，进一步与国际接轨、加强冰球运动竞赛制度建设，推广普及冰球竞赛理论知识，是十分必要的行动环节。

2018 年以来，国际冰球联合会（简称“国际冰联”）相继在各类（半）年度会议讨论更新了各类官方文件。进一步理解国际冰联冰球赛事的组织运作模式与最新的顶级国际冰球赛事的管理体系，对于实现冬奥会“办赛精彩、参赛也要出彩”具有积极的现实意义。为此，中国冰球协会专门成立了编译工作领导小组，在北京体育大学的支持下、组织国内冰球翻译、竞赛与裁判专家对国际冰联最新官方竞赛指导文件《运动条例》《场外裁判手册》《锦标赛条例》《行为规范》《纪律准则》进行了翻译、讨论与审校。

经过一年多的努力，汇集国际冰联重要文件的《冰球竞赛手册》

终于面世了，由中国冰球协会批准实施、北京体育大学出版社印刷发行。这是我国首次以公开出版物的形式发布冰球竞赛指导手册。它将为我国冰球运动赛事管理运营提供权威的指导，帮助冰球队伍和赛事管理服务人员更好地理解、组织冰球比赛，进一步促进我国冰球运动水平的提高。

最后，我谨代表中国冰球协会对国际冰联的大力支持表示衷心的感谢，对各位专家的辛勤付出表示亲切的慰问，对为此书的出版提供帮助的各位同人表示诚挚的谢意。

中国冰球协会主席

2019 年 1 月 10 日

序

丹尼·库尔曼

作为一名裁判员，你在每一场冰球比赛中都扮演着至关重要的角色。你需要带着激情和热忱走进赛场，致力于为参赛球员营造一个安全、公平的比赛氛围。

在冰球场上履行你的裁判职责绝非易事，但是你的努力终将赢得人们对你的尊重。

每一场比赛都需要你倾尽全力，因为每一场比赛都是学习的最好机会。

设定一个目标，通过沟通与交流，尽自己所能去达到这个目标……实现梦想，享受冰球裁判工作给你带来的快乐。

国际冰球联合会裁判委员会主任

2018年10月10日

出版说明

- 《冰球竞赛手册》（以下简称《手册》）由中国冰球协会依照国际冰球联合会（简称“国际冰联”）发布的 ***“2020 IIHF SPORT REGULATIONS”“2019 IIHF OFF-ICE OFFICIALS' HANDBOOK”“2019 IIHF CHAMPIONSHIP REGULATIONS”*** 等文件翻译和修订，在全国各级冰球比赛中参照执行。如有本《手册》以外的新规定，以中国冰球协会颁发的文件为准。

- 本《手册》的翻译和修订力求忠实于原文，三个部分各自沿用了英文版《手册》的体例。需要说明的是，某些条款的序号是不连续的，三个部分也存在重复或交叉的内容，但为了便于读者阅读及国际交流，翻译和修订时参照英文版《手册》维持了原貌，未做修改。如在理解和执行过程中出现争议，以国际冰联颁发的英文版《手册》为准。翻译和审校工作若存在疏漏之处，欢迎广大读者提出意见和建议，以便我们及时修订和完善。

- 本《手册》中带下划线的标题表示其内容是关于主办国际冰联世界冰球锦标赛甲级组的特别规定。

目 录

国际冰联运动条例

前言 /3

队伍分组条例 /4

国际冰联世界排名体系 /6

竞赛日程条例 /10

练习日程和更衣室分配办法 /18

国际冰联锦标赛三分制 /19

打破积分平局制度 /20

加时赛操作 /22

射门比赛程序 /26

视频监门系统操作程序 /28

教练员挑战 /31

电视商业暂停 /35

电视播放比赛中的进球暂停条例 /38

队伍进入和离开冰面 /39

延时比赛结束后的赛前热身 /40

大屏幕使用原则 /41

比赛监督职责 /43

国际冰联计时和记分系统指南 /45

比赛服预留位置 /48

比赛服图标区位条例 /50

比赛服贴片使用条例 /51

北美尺寸场地冰面标记 /52

国际冰联赛事冰面尺寸 /52

队员录入程序和最后期限 /52

赛前会议 /53

执裁 —— 裁判员和边线裁判员 / 55
国际冰联比赛用球冷冻指南 / 57
射门比赛干刮冰程序 / 59
国际冰联国家联赛数据统计系统要求 / 62

国际冰联场外裁判手册

前言 / 65

第 1 章　基本信息 / 66

第 2 章　分工与职责 / 68

2.1 记录员 / 68
2.3 助理记录员 / 70
2.4 计时员 / 70
2.5 宣告员 / 73
2.6 记罚员 / 74
2.7 监门员 / 75

第 3 章　记录席 / 76

3.1 记录席的场外裁判 / 76
3.2 记录席所需设备 / 76

第 4 章　解释和指南 / 77

4.1 判定进球协助指南 / 77
4.2 进球后放出受罚队员指南 / 77
4.3 抵消判罚指南 / 78

第 5 章　国际冰联赛事特殊安排 / 79

5.1 地方统计协调员 / 79
5.2 记录席额外安排 / 79
5.3 国际冰联官方比赛记录表填写指南 / 80
5.4 国际冰联计时和记分系统指南 / 80

附录 1——队伍组成表示例 / 81
附录 2——国际冰联官方比赛记录表 / 82
附录 3——比赛记录表填写建议程序 / 84
附录 4——官方比赛记录表填写示例 / 86
附录 5——国际冰联官方比赛记录表填写示例 / 89
附录 6——犯规缩写 / 90
附录 7——国际冰联计时和记分系统指南 / 91
附录 8——加时赛操作 / 94
附录 9——射门比赛程序 / 98
附录 10 —— 电视商业暂停 / 100
附录 11——视频监门系统操作程序 / 103

国际冰联锦标赛条例

前言 / 109
相关定义 / 110
1 概述 / 111
2 组织规定 / 113
3 财务 / 116
4 场馆和设施 / 118
5 竞赛 / 127
6 医疗服务和兴奋剂检测 / 132
7 食宿 / 133
8 交通运输 / 138
9 资格认证 / 140
10 票务和座席预订 / 141
11 接待 / 145
12 市场营销和广告权 / 147
13 特许和经销权 / 153
14 赛事转播 / 160

15　媒体 / 164
16　数据统计和锦标赛文件 / 166
17　保险 / 168
18　安保 / 170
19　国际冰联代表大会 / 171
20　制裁 / 172
21　主办国际冰联世界冰球锦标赛甲级组的规定 / 175

国际冰联行为规范

前 言 / 189
第 1 条　伦理 / 190
1.1　基本原则 / 190
1.2　态度和行为 / 190
第 2 条　利益冲突 / 192
2.1　定义 / 192
2.2　禁止 / 192
2.3　具体规定 / 192
第 3 条　操纵比赛 / 193
3.1　赌博 / 193
3.2　操纵冰球国际比赛和国际冰联比赛 / 194
3.3　内幕信息 / 194
3.4　一般违规行为 / 194
3.5　判罚注意事项 / 195
3.6　暂时停赛、等待纪律处分的程序 / 195
第 4 条　成员国家协会对球迷行为的责任 / 196
第 5 条　违规和纪律措施 / 197

5.1　定义 / 197
5.2　对国际冰联相关方的惩戒措施 / 197
5.3　纪律机构 / 197

第 6 条　调查违反《行为规范》的行为 / 199

国际冰联纪律准则

第一部分 / 203

1　主题与目的 / 203
2　本准则适用范围 / 203
3　适用人员范围 / 203
4　一般知识 / 204
5　针对受国际冰联管辖实体的纪律措施 / 204
6　针对受到国际冰联管辖的个人的纪律措施 / 205
7　兴奋剂处罚 / 206
8　加重和减缓的因素（不适用于兴奋剂违规） / 210
9　中止处罚 / 211
10　处罚的确定 / 211

第二部分 / 214

11　纪律机构 / 214
12　纪律委员会 / 214
13　申诉委员会 / 221
14　理事会（赛事） / 223
15　锦标赛纪律小组（章程第 52 条） / 224

后记 / 226

国际冰联运动条例

2020 IIHF SPORT REGULATIONS

前言

国际冰球联合会（简称“国际冰联”）制定该运动条例，面向国际冰联全体成员国家协会发布，目的是指示并引导参赛国和主办方管理、组织及运营国际冰联批准的锦标赛赛事。读者可从中获知国际冰联文件中提供解释的相关事项列表。

2020 年国际冰联年会对《国际冰联运动条例》的内容进行了更新。2020 年《国际冰联运动条例》的内容代替了之前此条例的任何和全部版本。

因此，我们向国际冰联全部成员国家协会呈现目前所用版本，在国际冰联授权下，为安排和参与各项批准的赛事提供指引。我们相信，此文件中的说明为国际冰联成员国、成员国的队伍和队员，在国际冰联赛事中进行公平、具有体育精神的竞争提供了必要的细节指导和帮助。

关于适用于国际冰联锦标赛技术组织方面的各项规定，如国际队员转会、竞赛、纪律及比赛规则，请参照国际冰联相关规则和条例文件。如对所附内容或未提及的主题有任何疑问，请直接联系国际冰联办公室。

队伍分组条例

如果在上届锦标赛中，各参赛队伍的全部位置已经确定，排名序号将作为下次锦标赛队伍的排位顺序。其中，降级的队伍将获得较低组别中的第一排名；同时，较低组别中获胜升级的队伍，将获得较高组别中的末位排名。

如果锦标赛某级别分为两组或两组以上比赛，全部队伍都未曾与其他队伍比赛，并且最终排名都没有确定，那么缺失的排位序号将按顺序遵循以下原则进行分配：

1. 本组中排名较高。
2. 积分较高。
3. 净胜球较多。
4. 进球数较多。
5. 进入锦标赛中排位较高。

如果各组中队伍数量不同或者有其他特殊情况，国际冰联竞赛委员会将为国际冰联理事会准备适当的解决方案。

国际冰联理事会可以选择修改排位顺序，以适应组织方的特殊要求或出于地理因素的考虑。

如果锦标赛某级别由两组组成，比赛在两个国家进行，这两个国家的队伍排位在同一组，国际冰联将有责任把主办国之一和另一组里的队伍调换，以确保对比赛的影响最小。

国际冰联锦标赛赛事各级别分组实例

以下实例演示了使用常规方式和抽签方式进行分组，以设置比赛日程。

1. 按常规方式分为 2 组

A 组	B 组
1	2
4	3
5	6
8	7

2. 按常规方式分为 3 组

A 组	B 组	C 组
1	2	3
6	5	4
7	8	9
12	11	10

3. 按常规方式分为 4 组

A 组	B 组	C 组	D 组
1	2	3	4
8	7	6	5
9	10	11	12
16	15	14	13

4. 按常规方式垂直分为 2 组

A 组	B 组
1	5
2	6
3	7
4	8

以上每个实例中，可以按照分组原则在每组中增加额外参赛队伍。

5. 按抽签方式分组

分为 2 组：（1 – 2）,（3 – 4）,（5 – 6）,（7 – 8），（9 – 10），（11 – 12）。如需要，继续增加。

分为 3 组：（1 – 2 – 3）,（4 – 5 – 6）,（7 – 8 – 9），（10 – 11 – 12）。如需要，继续增加。

分为 4 组：（1 – 2 – 3 – 4）,（5 – 6 – 7 – 8），（9 – 10 – 11 – 12）,（13 – 14 – 15 – 16）。

基于各自在世界排名系统中的名次，参加世界锦标赛的队伍可通过抽签进行分配。组织者有权分配最多两支队伍到不同的组里。

国际冰联世界排名体系

国际冰联世界排名体系用于维护冰球项目的利益。排名体现了所有国际冰联成员国家协会参加国际冰联锦标赛和冬奥会（包括冬奥会资格赛）的成年男子和成年女子国家队的表现。

该年度排名同时用于竞赛和营销目的。

国际冰联世界排名体系基于过去 4 年中成年男子队和成年女子队在世界锦标赛和奥林匹克运动会（包括资格赛）里的最终名次。

积分制度

排名体系基于队伍过去 4 年在国际冰联世界冰球锦标赛中的积分和过去 1 届冬季奥林匹克运动会（简称“冬奥会”）中的积分。

每一类别的金牌得主获得 1200 积分。第 1 名和第 2 名之间、第 2 名和第 3 名之间、第 4 名和第 5 名之间、第 8 名和第 9 名之间各相差 40 积分。目的是对进入四分之一决赛、半决赛、决赛和获得金牌的队伍奖励额外积分。其他最终排名之间相差 20 积分。

全部队伍依据队伍排名条例的规定进行排名，因此不会出现相同排名。

每个阶段 2~3 组的冬奥会资格赛排名依据顺序如下：

1. 在小组里处于较高的位置。
2. 较高积分。
3. 较多净胜球。
4. 较多进球数。
5. 以较高的排名进入资格赛。

该体系下，每一类别中最终排名都将获得相应积分。整个积分制度具有很高的灵活性，适用于锦标赛形式下任何可能的变化情况。此外，该体系可以扩展已包含新获得参加国际冰联锦标赛资格的成员国家协会。

如果成员国家协会未参加国际冰联锦标赛或者没资格参赛，那么将没有世界排名积分，特殊情况下，根据其种子选手数量决定积分。

为了确保排名能够准确反映一个国家目前的竞技水平，最近一年的比赛结果被给予最高权重。之前年份的比赛结果按递减的权重纳入考虑。基本上，过去 3 年中每年获得的积分按 25% 递减，过去第 5 年的成绩将不纳入计算。

世界排名计算中包含 4 个赛季内国际冰联世界冰球锦标赛每项比赛和冬季奥林匹克运动会。同一个赛季内，从世界锦标赛和奥林匹克比赛中获得的积分同等对待，并且每年按相同的比例递减。

因此，金牌价值在 4 个赛季内递减方式如下：

第 1 赛季	100% 价值	1200 积分
第 2 赛季	75% 价值	900 积分
第 3 赛季	50% 价值	600 积分
第 4 赛季	25% 价值	300 积分
第 5 赛季	0% 价值	0 积分

在最终排名之间以 20 或 40 积分为差值，当积分纳入排名时，不需要对数字进行四舍五入。因此，20（40）积分差值在第 1 赛季后减为 15（30）积分，在第 2 赛季后减为 10（20）积分，在第 3 赛季后减为 5（10）积分。

国际冰联世界排名

在国际冰联男子世界锦标赛各级别和国际冰联女子世界锦标赛各级别比赛分别完成后，将直接公布国际冰联男子世界排名和国际冰联女子世界排名。

世界排名考虑的是国家队在该排名体系中的总分。总分为队伍在过去 4 年比赛中获得的积分之和，其中包含这段时间内递减的积分价值。

例如，2016—2017 赛季结束时，计算国际冰联世界排名包含以下积分：

2017 年国际冰联世界排名

	国际冰联世界冰球锦标赛 2017 年积分	100% 价值
+	国际冰联世界冰球锦标赛 2016 年积分	75% 价值
+	国际冰联世界冰球锦标赛 2015 年积分	50% 价值
+	国际冰联世界冰球锦标赛 2014 年积分	25% 价值

+	冬奥会 2014 年积分	25% 价值
=	2017 年国际冰联世界排名总分	

总分最高的队伍在国际冰联世界排名首位，其他参赛国家按总分降序排列。如果两支或两支以上队伍总分相同，以一类比赛中最近一次最终排名决定世界排名。

锦标赛赛前报告

每次世界冰球锦标赛之前将发布赛前报告，其中包含按以上程序计算并减少之后的赛季积分，只需加上即将进行的比赛所得的积分，便得到该年度国际冰联世界排名。

例如，2017 年世界冰球锦标赛赛前报告中积分将由以下部分组成：

2017 年世界冰球锦标赛赛前报告

	国际冰联世界冰球锦标赛 2017 年积分	
+	国际冰联世界冰球锦标赛 2016 年积分	75% 价值
+	国际冰联世界冰球锦标赛 2015 年积分	50% 价值
+	国际冰联世界冰球锦标赛 2014 年积分	25% 价值
+	冬奥会 2014 年积分	25% 价值
=	2017 年世界冰球锦标赛赛前报告总分	

冬奥会期间的女子国家队奖励积分

在奥运会期间，队伍如果没有参加国际冰联女子冰球世锦赛（顶级组），会有几种影响积分的情况。世界排名积分（截至 2021—2022 赛季）情况如下：

参加了冬奥会并且通常会参加国际冰联女子冰球世锦赛的队伍：
根据冬奥会排名获得的积分，再加上最近世界排名获得的积分。

参加了冬奥会资格赛但未能获得参加冬奥会的资格，参加了世锦赛的球队：

根据在两个赛事中的排名情况获得积分。

参加了冬奥会和世锦赛的球队：
根据在两个赛事中的排名情况获得积分。

未参加冬奥会资格赛，但参加了世锦赛的球队：
仅根据其在世锦赛中的排名情况获得积分。

参加了冬奥会资格赛但未参加世锦赛的球队：
仅根据其冬奥会资格赛排名获得积分。

通常会参加国际冰联女子冰球世锦赛的队伍，参加了冬奥会资格赛，但是未获得冬奥会参赛资格：
根据冬奥会资格赛排名，再加上最近的世界排名获得积分。

竞赛日程条例

基本规则

组织方国家协会将向国际冰联代表大会提交预审批锦标赛日期和地点。

组织方国家协会将根据《国际冰联运动条例》，为国际冰联各项锦标赛准备竞赛日程。该竞赛提案需经过各参赛国家协会同意。如果未能达成一致，将由国际冰联理事会做最后决定。

在国际冰联锦标赛中，一支队伍不会被安排在一天内参加超过一场比赛，或者在连续三天内参加超过两场比赛。在特殊情况下，只有全部参赛国家协会同意，才可能连续参加三场比赛。一只队伍不会超过连续两天没有比赛。

在国际冰联世界冰球锦标赛、世界冰球锦标赛甲级组、世界青年锦标赛、世界男子 U18 冰球锦标赛、世界女子冰球锦标赛和世界女子 U18 冰球锦标赛中，同一支队伍的两场比赛开始时间之间应至少相差 20 小时。在其他国际冰联比赛中， 同一支队伍两场比赛开始时间之间应至少相差 17 小时。

在安排进行季后赛的锦标赛中，半决赛的对阵将根据预赛的排名而定。排名最高的队伍对阵排名最低的队伍。此外，排名最高的队伍应该参加较早进行的半决赛，除非东道国也参加半决赛，并且在已签署的比赛时间表中特别要求参加较早的比赛。球队排名应根据球队种子规则，通过比较（各队）在小组中的位置、积分、净胜球数、进球数或更好的种子排名来进行。

国际冰联锦标赛竞赛日程提案，在代表大会半年会开始日之前提交至国际冰联，以便在分发给各参赛国家协会考虑和进行批准程序之前，让组织者和参赛国家协会确认异议点或潜在的问题。

如果竞赛日程提案获得批准，比赛时间和地点将根据组织者的意愿安排。

若出于电视转播和观众人数的考虑，组织者或者国际冰联营销伙伴提议对于竞赛日程做出部分修改（例如调换场次），则必须经过国际冰联复核。

在任何国际冰联世界冰球锦标赛中，预赛结束后排名较高的队伍，将在相应的晋级赛或最终轮次中保留比赛席位。在晋级赛或最终轮次配对中，预赛结束后排名较高的队伍在比赛中保留主队权利。在保级轮次中，排名较高的队伍,将在该轮第1场和第3场(如果需要)比赛中保留主队优势。

在锦标赛中，比赛场次跟着比赛日期和时间。当两场比赛同时开始时，在主场馆进行的比赛将获得较小的场次号。在竞赛日程中，用比赛场次表明参赛对手的情况下，比赛时间或场次号变更不改变双方参赛队伍。

竞赛日程示例

1）锦标赛日程，3 支或 4 支队伍在一组中相互比赛。

第 1 天	3–1	2–4
第 2 天	2–3	1–4
第 4 天	1–2	4–3

2）锦标赛日程，5 支队伍在一组中相互比赛。

第 1 天	5–2	3–1
第 2 天	4–5	
第 3 天	2–3	1–4
第 4 天	5–1	
第 5 天	3–5	2–4
第 6 天	1–2	4–3

3）锦标赛甲级组日程，5 支或 6 支队伍在一组中相互比赛。

第 1 天	5–3	4–2	6–1
第 2 天	1–4	2–5	3–6
第 4 天	1–5	2–3	6–4
第 5 天	3–1	4–5	2–6
第 7 天	1–2	3–4	5–6

4）锦标赛乙级组或更低组别日程，5 支或 6 支队伍在一组中相互比赛。

第 1 天	3–1	6–4	2–5
第 2 天	1–4	5–6	2–3
第 4 天	1–5	2–6	3–4
第 5 天	5–3	4–2	6–1
第 7 天	4–5	3–6	1–2

5）锦标赛日程，8 支队伍分为两组，在预赛中相互比赛，最终轮次中排位 1~6 名，末位两支队伍保级轮次三局两胜。

预赛轮次

	A 组		B 组	
第 1 天	1–8	4–5	2–7	3–6
第 2 天	4–8	5–1	3–7	6–2
第 3 天				
第 4 天	8–5	1–4	7–6	2–3

最终轮次

第 5 天	2A–3B	2B–3A	4A–4B	
第 6 天				
第 7 天	1A–W(2B–3A)	1B–W(2A–3B)	L(2A–3B)–(2B–3A)	4B–4A
第 8 天	L/1A–W(2B–3A)–L/1B–W(2A–3B)		W/1A–W(2B–3A)–W/1B–W(2A–3B)	
	4A–4B（如需要）			

比赛场次号跟随日期和时间，组织者可能根据比赛时间改变比赛场次号。但是，获胜队伍和失利队伍之间比赛的顺序不发生变化。

6）锦标赛日程，8 支队伍垂直分为两组，在预赛中相互比赛，最终轮次中排位 1~6 名，末位两支队伍保级轮次三局两胜。

预赛轮次

	A 组		B 组	
第 1 天	2–3	1–4	6–7	5–8
第 2 天	2–4	3–1	6–8	7–5
第 3 天				
第 4 天	4–3	1–2	8–7	5–6

最终轮次

第 5 天	4A–1B	3A–2B	3B–4B	
第 6 天				
第 7 天	1A–W(4A–1B)	2A–W(3A–2B)	L(3A–2B)–L(4A–1B)	4B–3B
第 8 天	L/1A–W(4A–1B)–L/2A–W(3A–2B)		W/1A–W(4A–1B)–W/2A–W(3A–2B)	
	4A–4B（如需要）			

比赛场次号跟随日期和时间，组织者可能根据比赛时间改变比赛场次号。但是，获胜队伍和失利队伍之间比赛的顺序不发生变化。

7）锦标赛日程，10 支队伍分为两组，在预赛中相互交手，随后进行四分之一决赛、半决赛和决赛，以及保级赛和排位赛。

预赛轮次

	A 组		B 组	
第 1 天	9–4	5–1	10–3	6–2
第 2 天	8–9		7–10	
第 3 天	4–5	1–8	3–6	2–7
第 4 天	9–1		10–2	
第 5 天	5–9	4–8	6–10	3–7
第 6 天	1–4	8–5	2–3	7–6

变化情况

	A 组		B 组	
第 1 天	4–8	5–1	3–7	6–2
第 2 天	8–1	5–9	7–2	6–10
第 3 天	9–4		10–3	
第 4 天	8–5	1–4	7–6	2–3
第 5 天	9–8		10–7	
第 6 天	1–9	4–5	2–10	3–6

最终轮次

第 8 天	1A–4B 2A–3B 2B–3A 1B–4A	5A–5B
第 9 天	L(1A–4B)–L(2B–3A) L(1B–4A)–L(2A–3B)	5B–5A
	W(1A–4B)–W(2B–3A) W(1B–4A)–W(2A–3B)	5A–5B 第 11 天（9–10）（比赛需要）
第 11 天	L/L(1A–4B)–L(2B–3A)/ –L/L(1B–4A)–L(2A–3B)	(7–8)
	W/L(1A–4B)–L(2B–3A)/ –W/L(1B–4A)–L(2A–3B)	(5–6)
	L/W(1A–4B)–W(2B–3A)/ –L/W(1B–4A)–W(2A–3B)	(3–4)
	W/W(1A–4B)–W(2B–3A)/ –W/W(1B–4A)–W(2A–3B)	(1–2)

比赛场次号跟随日期和时间，组织者可能根据比赛时间改变比赛场次号。但是，获胜队伍和失利队伍之间比赛的顺序不发生变化。

8）锦标赛日程，10 支队伍分为两组，在预赛中相互交手，随后进行四分之一决赛、半决赛和决赛及保级赛。

预赛轮次竞赛日程与示例 7 相同。

最终轮次

第 8 天	1A–4B 2A–3B 2B–3A 1B–4A	5A–5B
第 9 天	W(1A–4B)–W(2B–3A) W(1B–4A)–L(2A–3B)	5B–5A
		5A–5B 第 11 天（9–10）（比赛需要）
第 11 天	L/W(1A–4B)–W(2B–3A)/ –L/W(1B–4A)–W(2A–3B)	（3–4）
	W/W(1A–4B)–W(2B–3A)/ –W/W(1B–4A)–L(2A–3B)	（1–2）

比赛场次号跟随日期和时间，组织者可能根据比赛时间改变比赛场次号。但是，获胜队伍和失利队伍之间比赛的顺序不发生变化。

9）锦标赛日程，16 支队伍分为 A， B， C， D 四组，在第一轮中相互交手。第二轮将由 1A，2A，3A，1D，2D，3D 组成 E 组，由 1B，2B，3B，1C，2C，3C 组成 F 组。

第二轮过后进行四分之一决赛、半决赛和决赛。

保级轮次将由队伍 4A， 4B， 4C 和 4D 组成 G 组。

第一轮

	A 组	B 组	C 组	D 组
第 1 天	A3–A1 A2–A4			D3–D1 D2–D4
第 2 天		B3–B1 B2–B4	C3–C1 C2–C4	
第 3 天	A2–A3 A1–A4			D2–D3 D1–D4
第 4 天		B2–B3 B1–B4	C2–C3 C1–C4	
第 5 天	A1–A2 A4–A3			D1–D2 D4–D3
第 6 天		B1–B2 B4–B3	C1–C2 C4–C3	

第二轮

	E 组	F 组	（保级轮次）13–14–15–16
第 7 天	2A–3D 1D–3A 1A–2D		
第 8 天		2B–3C 1C–3B 1B–2C	4C–4A 4B–4D
第 9 天	2D–3A 3D–1A 1D–2A		4B–4C 4A–4D
第 10 天		2C–3B 3C–1B 1C–2B	
第 11 天	3A–3D 2A–2D 1A–1D		4A–4B 4D–4C
第 12 天		3B–3C 2B–2C 1B–1C	

第一轮比赛中：A1–A2，A1–A3，A2–A3，B1–B2，B1–B3，B2–B3，C1–C2，C1–C3，C2–C3，D1–D2，D1–D3，D2–D3 比赛结果也计入第二轮 E 组和 F 组。

G 组中排序将决定最终排名 13~16 位。比赛完成后排位在 5E，6E，5F 和 6F 的队伍将排名 9~12 位。

四分之一决赛

第 14 天	1E–4F	2E–3F	2F–3E	1F–4E

四分之一决赛失利队伍将排名 5~8 位。

半决赛

第 16 天	W(1E–4F)–W(2F–3E)	W(1F–4E)–W(2E–3F)

铜牌争夺赛

第 17 天 半决赛失利队伍

金牌争夺赛

第 17 天 半决赛获胜队伍

21）锦标赛日程，16 支队伍分为 A，B，C，D 四组，在第一轮中相互交手。由于两个主场间距离和时间的原因，队伍继续在预赛场地进行第二轮、保级赛和四分之一决赛，半决赛配对将进行相应调整。

预赛轮次和示例 17 相同。

第二轮将由 1A，2A，3A，1D，2D，3D 组成 E 组，由 1B，2B，3B，1C，2C，3C 组成 F 组。

保级赛将由队伍 4A，4B，4C 和 4D 组成 G 组。

第二轮

	E 组	F 组	（保级轮次） 13–14–15–16
第 7 天	2A–3D 1D–3A 1A–2D		
第 8 天		2B–3C 1C–3B 1B–2C	4A–4D 4B–4C

	E组	F组	（保级轮次）13–14–15–16
第 9 天	2D–3A 3D–1A 1D–2A		4D–4A 4C–4B
第 10 天		2C–3B 3C–1B 1C–2B	
第 11 天	3A–3D 2A–2D 1A–1D		4A–4D（如需要） 4B–4C（如需要）
第 12 天		3B–3C 2B–2C 1B–1C	

第一轮比赛中 A1–A2，A1–A3，A2–A3，B1–B2，B1–B3，B2–B3，C1–C2，C1–C3，C2–C3，D1–D2，D1–D3，D2–D3 比赛结果也计入第二轮 E 组和 F 组。

G 组中排序将决定 13~16 位。

比赛完成后排位在 5E，6E，5F 和 6F 的队伍将排名 9~12 位。

四分之一决赛

第 14 天	1E–4E	2E–3E	2F–3F	1F–4F

四分之一决赛失利队伍将排名 5~8 位。

半决赛

第 16 天	W(1E–4E)–W(2F–3F)	W(1F–4F)–W(2E–3E)

铜牌争夺赛

第 17 天 半决赛失利队伍

金牌争夺赛

第 17 天 半决赛获胜队伍

最终排名 5~12 位的队伍

第二轮淘汰的队伍和四分之一决赛失利的队伍，将依据他们在四分之一决赛之前的位置进行排名。排名方式依照分组条例中相关程序。

22）根据国际冰联世界排名将 16 支队伍分为两组，每组 8 支队伍。每个组在单循环预赛中共进行 28 场比赛，随后在最终轮次进行 8 场比赛。

预赛结束后，每组第 1~4 名的队伍进入四分之一决赛，获胜队伍进入半决赛。半决赛中获胜的两支队伍将进行金牌争夺赛，失利的两队将争夺铜牌。没有进入半决赛的队伍排名，将依照国际冰联分组条例进行。预赛结束后排在每组末位的队伍将被降级。

预赛轮次

天	A 12:15h	B 12:15h	A 16:15h	B 16:15h	A 20:15h	B 20:15h
第1天			A2-A5	B2-B5	A3-A1	B3-B1
第2天	A6-A7	B6-B7	A4-A8	B4-B8	A5-A3	B5-B3
第3天	A8-A1	B8-B1	A6-A4	B6-B4	A2-A7	B2-B7
第4天			A5-A1	B5-B1	A2-A3	B2-B3
第5天			A8-A6	B8-B6	A4-A7	B4-B7
第6天			A2-A8	B2-B8	A4-A5	B4-B5
第7天			A3-A6	B3-B6	A1-A7	B1-B7
第8天			A3-A8	B3-B8	A7-A5	B7-B5
第9天	A6-A2	B6-B2	A1-A4	B1-B4	A8-A5	B8-B5
第10天			A7-A3	B7-B3	A4-A2	B4-B2
第11天			A1-A6	B1-B6	A7-A8	B7-B8
第12天	A3-A4	B3-B4	A5-A6	B5-B6	A1-A2	B1-B2

第13天 DAY OFF 休息日

最终轮次：

四分之一决赛

第14天		2A-3B	2B-3A	1A-4B	1B-4A
第15天	DAY OFF 休息日		TRAVEL 转场		

半决赛

第16天	W(1A-4B)-W(2B-3A)	W(1B-4A)-W(2A-3B)

决赛

第17天	Bronze 铜牌争夺赛	Gold 金牌争夺赛

练习日程和更衣室分配办法

比赛当日将安排最少 30 分钟冰上练习时间，并且尽量在参赛各队进行比赛的场地进行。非比赛当日，安排的练习时间最长为 75 分钟。

原则上，在根据上一个比赛日的安排进行了必要的调整后，较早进行比赛的队伍也将较早进行练习。

如果在预赛或单循环赛中，因为时间关系，双方队伍必须在同一时间在不同场馆练习，那么在锦标赛之前分组中排名较高的队伍，可以选择练习场馆。如果在预赛之后的锦标赛比赛中，双方队伍必须在同一时间在不同场馆练习，那么上一轮排名较高队伍可以选择练习场馆。

在竞赛指导会议上经过双方队伍和组织者同意后，可以交换或调整实际练习时间。

国际冰联锦标赛组织方有责任在锦标赛开始一天前，免费向参赛队伍提供锦标赛冰面进行练习，时长至少一小时。练习日程根据参赛队伍到达日程进行安排。

固定更衣室将依据以下原则进行分配：

1） 某支队伍在一个场馆的比赛和训练较多，则为其在该场馆安排更衣室。

2） 更衣室将根据质量和距离冰面的远近进行排序，依据队伍的排位顺序进行分配；但是主办国队伍有优先选择权。同样的原则适用于其余的比赛更衣室。

3） 如果队伍必须在锦标赛预赛结束后或者最终轮次进行期间更换场地，那么该队所去场地的更衣室将依据队伍排位顺序和可用（空余）更衣室的排序重新分配。已经在该场馆的队伍不安排更换更衣室，也不允许更换更衣室。组织者必须为更衣室变更提前列出准确的时间表。

国际冰联锦标赛三分制

在所有国际冰联锦标赛赛事中，积分规则如下：

- 在常规时间获胜的队伍积 3 分。
- 如果常规比赛时间结束时为平局，两队各积 1 分。
- 5 分钟加时赛获胜，或者加时赛结束后仍然平局，然后通过射门比赛程序获胜的队伍，额外积 1 分。
- 在常规比赛时间失利的队伍积 0 分。

打破积分平局制度

两队在排名中积分相等时，通过打破积分平局制度进行两队的比较，获胜的队伍列前。

因为三分制不允许一场比赛以平局结束，当 3 支或 3 支以上队伍在锦标赛排名中积分相等时，将采用以下打破积分相等的程序。

如果3支或3支以上队伍积分相等，那么将采用以下打破积分平局的方法，在积分平局的队伍之间建立副组。这个程序将反复进行，直到只有两支队伍或没有队伍保持积分平局。由于比赛不能以平局结束，所以如果仍有两支队伍积分平局，那么两队之间的比赛胜负将是打破积分平局的决定性因素。

第 1 步

考量积分平局队伍之间的比赛，将积分平局的队伍放在一起成为一个小组，用他们之间直接比赛的积分数，进行相应的排名。

第 2 步

如果 3 支或 3 支以上队伍仍积分平局，那么就把这些队伍之间直接比赛中的净胜球数进行比较，然后依据比较结果进行排名。

第 3 步

如果 3 支或 3 支以上队伍的积分和净胜球数仍相等，那么直接比较比赛中的进球数，然后依据比较结果进行排名。

第 4 步

如果 3 支或 3 支以上队伍的积分、净胜球和进球数仍然相等，就在副组之外选一支最接近的而且排名最高的队伍，分别与之比较（① 积分；② 净胜球；③ 进球数），比较结果领先者排名列前。

第 5 步

如果仍然是平局，那就把这 3 支队伍分别和小组之外下一个排名最高的队伍进行比较。

第 6 步

如果队伍执行以上 5 个步骤之后仍然为平局，那么按照体育竞赛的精神，这些队伍将按照进入锦标赛时排列的位置（例如：排序）进行排名。

国际冰联打破积分平局制度，适用于在预赛轮次结束之前解决积分平局的情况。

在两队积分平局并且两队还未交手的情况下，以及在 3 支或者 3 支以上队伍积分平局，并且在小组中还没有进行全部相互交手的情况下，将使用以下原则打破积分平局：

1. 比赛过的场次最少。
2. 所有比赛中净胜球最多（进球数－失球数）。
3. 所有比赛中进球数最多（进球数）。
4. 进入锦标赛时，排名最高。

在 3 支或者 3 支以上队伍积分平局的情况下，这个程序将反复进行，直到只有两支队伍保持积分平局。如果仍有两支队伍积分平局，那么两队之间的比赛胜负将是打破积分平局的决定性因素。如果剩余两支积分平局队伍还未交手，那么只需对这两支队伍重新开始使用该程序来打破积分平局。

加时赛操作

加时赛——循环赛或预赛操作

如果在单循环锦标赛或锦标赛顶级预赛的三个常规 20 分钟的局结束时，两支参赛队打成平局，那么两队将进行不超过 5 分钟的“突然胜利法”加时赛，先得分的队伍获胜。加时赛每队队员为 3 名球员和 1 名守门员。

加时赛将在 3 分钟的局间休息之后开始，在这段时间内，场地工作人员使用与电视暂停时一样的程序清刮冰面。一旦局间休息结束，计时钟将被重新设置为“5:00”，加时赛立即开始。队伍不交换场地。

3 分钟局间休息清刮冰面时，队员将留在他们各自的队员席。

这个休息期间，守门员必须去他们各自的队员席，但是受罚队员必须留在受罚席。如果受罚队员离开受罚席，他将立即被场内裁判员送回受罚席，不进行额外判罚，除非他违反了其他规则。这期间，不允许队伍回到更衣室。

判罚

常规比赛时间结束时两队 5 打 3，加时赛以 5 打 3 开始。一旦人员实力达到 5 打 4 或 5 打 5，在下一次比赛停止时，视情况将人员实力调整为 4 打 3 或 3 打 3。

常规比赛时间结束时两队 4 打 4，加时赛以 3 打 3 开始。一旦人员实力达到 4 打 4，在下一次比赛停止时，视情况将人员实力调整为 3 打 3。

常规比赛时间结束时两队 3 打 3，加时赛以 3 打 3 开始。一旦人员实力达到 4 打 4 或 5 打 4 或 5 打 5，在下一次比赛停止时，视情况将人员实力调整为 3 打 3 或 4 打 3。

任何时候一队场内不会少于 3 名球员，这样在进行判罚的情况下，可能需要增加第 4 名和 / 或第 5 名球员。

如果一队在加时赛被判罚，两队 4 打 3。如果同一次比赛停止时两队都被判罚（没有其他在生效的判罚），两队将继续 3 打 3。

加时赛中，如果一队被判罚后场内形成多 2 人的优势，那么犯规队将维持 3 名球员，同时允许非犯规队上场 5 名球员。

多 2 人优势不再有效之后的第一次比赛停止时，两队人员实力将视情况回到 4 打 3 或 3 打 3。

加时赛——晋级赛或铜牌争夺赛操作程序

如果在晋级赛、保级赛、分级赛或铜牌争夺赛的常规 3 局每局 20 分钟结束时，参赛两队是平局，那么两队将进行不超过 10 分钟的“突然胜利法”加时赛，先得分的队伍获胜。加时赛每队队员人数为 3 名球员和 1 名守门员。

加时赛将在 3 分钟的局间休息之后开始，在这段时间内，场地工作人员使用与电视暂停时一样的程序清刮冰面。一旦局间休息结束，计时钟将被重新设置为“10:00”，加时赛立即开始。队伍不交换场地。

3 分钟局间休息清刮冰面时，队员将留在他们各自的队员席。

这个休息期间，守门员必须去他们各自的队员席，但是受罚队员必须留在受罚席。

如果受罚队员离开受罚席，他将立即被场内裁判员送回受罚席，不进行额外判罚，除非他违反了其他规则。这期间，不允许队伍回到更衣室。

判罚

常规比赛时间结束时两队 5 打 3，加时赛以 5 打 3 开始。一旦人员实力达到 5 打 4 或 5 打 5，在下一次比赛停止时，视情况将人员实力调整为 4 打 3 或 3 打 3。

常规比赛时间结束时两队 4 打 4，加时赛以 3 打 3 开始。一旦人员实力达到 4 打 4，在下一次比赛停止时，视情况将人员实力调整为 3 打 3。

常规比赛时间结束时两队 3 打 3，加时赛以 3 打 3 开始。一旦人员实力达到 4 打 4 或 5 打 4 或 5 打 5，在下一次比赛停止时，视情况将人员实力调整为 4 打 3 或 3 打 3。

任何时候一队场内不会少于 3 名球员。 如果产生判罚，场上可增加第四名和 / 或第五名球员。

如果一队在加时赛被判罚，两队 4 打 3。如果同一次比赛停止时两队都被判罚（没有其他再生效的判罚），两队将继续 3 打 3。

加时赛中，如果一队被判罚后场内形成多 2 人的优势，那么犯规队将维持 3 名球员，同时允许非犯规队上场 5 名球员。

多 2 人优势不再有效之后的第一次比赛停止时，两队人员实力将反回到 4 打 3 或 4 打 4。

加时赛——金牌争夺赛操作程序

如果在锦标赛顶级组金牌争夺赛的常规 3 局每局 20 分钟结束时，参赛两队是平局，那么两队将进行“突然胜利法”加时赛，先得分的队伍获胜。加时赛每队队员人数为 3 名球员和 1 名守门员。

15 分钟局间休息期间进行浇冰，然后开始加时赛，加时赛开始之前两队回到他们的更衣室。队伍不交换场地。

如果在第一次加时赛结束时，两队仍然平局，则在 15 分钟的中场休息（返回更衣室）之后，两队在浇冰后，进行第二次加时赛。队伍将交换场地。

如果在第二次加时赛结束时，两队仍然平局，则在 15 分钟的中场休息（返回更衣室）之后，两队在浇冰后，进行第三次加时赛。队伍将交换场地。

此过程将一直进行到决出获胜者为止。

判罚

常规比赛时间结束时两队 5 打 3，加时赛以 5 打 3 开始。一旦人员实力达到 5 打 4 或 5 打 5，在下一次比赛停止时，视情况将人员实力调整为 4 打 3 或 3 打 3。

常规比赛时间结束时两队 4 打 4，加时赛以 3 打 3 开始。一旦人员实力达到 4 打 4，在下一次比赛停止时，视情况将人员实力调整为 3 打 3。

常规比赛时间结束时两队 3 打 3，加时赛以 3 打 3 开始。一旦人员实力达到 4 打 4 或 5 打 4 或 5 打 5，在下一次比赛停止时，视情况将人员实力调整为 4 打 3 或 3 打 3。

任何时候一队场内不会少于 3 名球员。如果产生判罚，场上可增加第四名和 / 或第五名球员。

如果一队在加时赛被判罚，两队 4 打 3。如果同一次比赛停止时两队都被判罚（没有其他再生效的判罚），两队将继续 3 打 3。

加时赛中，如果一队被判罚后场内形成多 2 人的优势，那么犯规队将维持 3 名球员，同时允许非犯规队上场 5 名球员。

多两人优势不再有效之后的第一次比赛停止时，两队人员实力将回到 4 打 3 或 3 打 3。

射门比赛程序

如果国际冰联锦标赛常规比赛时间结束时得分为平局，两队将进行加时赛，先得分的队伍获胜，加时赛时长和队员人数上限已在《国际冰联运动条例》中明示。

如果加时赛期间没有进球得分，那么将启用国际冰联射门比赛程序来决定胜负。使用程序如下：

1. 射门比赛将在冰场的两个端区进行。在射门比赛之前，组织该程序所需的时间里，将在中区和端区争球点之间14米宽的冰场纵向中心区域，使用浇冰车进行干刮冰。

2. 射门比赛将以每队5名不同的射手开始交替射门。不必首先明确队员人选。4名守门员和在两队官方比赛记录表中的所有队员，都有资格参加射门比赛，但以下第3条中列明的除外。

3. 加时赛结束时没有结束受罚的队员，没有资格被选中进行射门，并且必须留在受罚席或更衣室。在射门比赛期间被判罚的队员，也必须留在受罚席或更衣室，直到射门比赛结束。

4. 裁判员召集两名队长到裁判区，并且掷硬币决定哪队先进行射门。掷硬币获胜一方将有权选择他的队伍是否先进行射门。

5. 守门员将防守与加时赛时相同的球门，并且可以在对方队伍进行射门时留在自己的球门区内。

6. 每队的守门员可以在每次射门后进行更换。

7. 按照《国际冰球联合会官方冰球规则》中的规则63进行射门。

8. 两队队员将交替射门，直到决定性的进球得分。不再进行剩余的射门。

9. 如果每队所有射门完成后结果仍然是平局，将继续这个程序，使用同样的或新队员开始进行打破平局的射门。在第一个5轮射门比赛中后射门的队伍，将首先开始打破平局的射门。两名队员之间出现决定性的结果时，比赛立即结束。在打破平局的射门中，一队可以用同一名队员进行每次射门。

10. 官方记录员将记录所有被执行的射门，标明相关的队员、守门员和进球得分。

11. 只将决定性的进球计入比赛结果。此进球记在进球得分的队伍和被进球的队伍名下。

12. 如果某队拒绝参加射门比赛，将宣布该队比赛失利，另一队获胜并且积 3 分。如果一名队员拒绝进行射门，将宣布他的队伍“没有得分”。

视频监门系统操作程序

以下内容仅适用于国际冰联以下赛事：世界男子锦标赛、世界男子锦标赛甲级A组、世界女子锦标赛、世界男子U20锦标赛和世界男子U18锦标赛，冬奥会和青年奥林匹克运动会（常规赛）的比赛。

国际冰联允许对于有争议的进球使用视频回放，并且把它写在了《国际冰球联合会官方冰球规则》中。必须为视频监门员提供该系统可以获得的所有电视画面，供其使用。

在国际冰联赛事中，如果场馆中已经安装了可以操作的视频监门系统供组织者使用，只有在满足以下所有条件时才能使用该系统：

- 视频监门座位配备有符合国际冰联标准的设备和技术（见“2020年国际冰联视频监门系统指南”），可在该赛事全部比赛中使用。
- 视频监门系统必须用于所有安排的比赛，费用由组织者承担。
- 每场比赛委派技术人员在现场进行操作，费用由组织者承担。
- 赛事委派第二名国际冰联裁判监督，在所有比赛中操作该系统。
- 要让国际冰联了解这个系统，在签署主办国合同时，这个系统的操作要以文字的形式写入合同之中。

如果上述条件中任何一条不能达到或不能用于所有的国际冰联锦标赛比赛，那么该系统不可以在赛事中使用。

程序

1. 当裁判员要求对争议进球视频回放时，裁判员将使用记录席的电话系统联系视频监门员。

2. 当视频监门员要求视频回放时，视频监门员将在事件发生后的第一次比赛停止时，使用电话系统联系官方记录席，以便通知裁判员比赛在进行回放。

3. 如果裁判员或视频监门员任意一人要求视频回放，宣告员将进行以下宣告：“正在进行比赛回放。”

4. 如果视频回放没有确定的结果，视频监门员将向裁判员报告，由裁判员进行最终裁定。

5. 在回放和后续裁定之后，将进行以下一种宣告：

“进球得分……”（时间）

“因为……没有进球得分。”（原因）

6. 队伍没有权利要求比赛视频回放。

7. 如果球进入球门并且比赛停止，裁判员或视频监门员在这次比赛停止期间可以要求回放。如果这次比赛停止期间没有回放，那么该结果是最终的，并且之后不允许进行比赛回放。

8. 如果球进入球门并且比赛继续，那么在这之后的第一次比赛停止期间可以要求回放。如果这次比赛停止期间没有进行回放，那么之后不允许进行比赛回放。

9. 当裁判员或视频监门员表示将进行视频回放时，所有队员必须回到各自的队员席。

10. 即使第一次比赛停止是在一局结束或者一场比赛结束时，也可以要求进行视频回放。

情况 1

A 队一个明显的进球没有被场内裁判看到，并且比赛继续。这个情况发生后第一次比赛停止期间，视频监门员将回放比赛。如果视频回放确认为进球，判定进球得分，并且重新设置比赛计时钟（包括判罚时间，如果适用）到进球得分的时间。如果判定没进球，则比赛计时钟不做调整。

情况 2

A 队一个明显的进球没有被场内裁判看到，并且比赛继续，B 队在另一端进球导致比赛停止。在比赛停止期间，视频监门员将回放 A 队这个明显的进球。如果视频回放确认 A 队的明显进球得分，判定进球得分，并且重新设置比赛计时钟（包括判罚时间，如果适用）到 A 队进球得分的时间，同时取消 B 队的进球。

如果视频回放确认 A 队没有得分，B 队的进球将被回放，如果视频回放确认为进球，那么判定 B 队进球得分，并且不需要调整比赛计时钟。

情况 3

A 队一个明显的进球没有被场内裁判看到，并且比赛继续，A 队第二次进球使比赛停止。在比赛停止期间，视频监门员将回放 A 队这个明显的进球。如果视频回放确认 A 队的明显进球得分，判定进球得分，并且重新设置比赛计时钟（包括判罚时间，如果适用）到 A 队这个明显的进球得分的时间。

裁判员使用视频监门指南

1. 请注意上述各个情况的程序，按照《国际冰球联合会官方冰球规则》中的说明的那样来判定暂缓处罚。
2. 使用球门内摄像机时，需要了解球可能打到摄像机并且快速弹出球门。
3. 比赛视频回放之后必须调整比赛计时钟的情况发生时，允许计时员有足够的时间在比赛计时钟上重新设置正确的时间。
4. 电视转播的比赛中进球后，请了解进球后间歇条例，允许转播方有时间重放进球。
5. 如果受罚队员离开受罚席，并且在视频监门回放之后必须重新设置计时钟，那么可能需要让队员回到受罚席执行剩余的受罚时间。
6. 如果有疑问的进球后的第一次比赛停止，恰是一局结束或比赛结束时，裁判员或视频监门员要求视频回放，必须在队伍离开冰面之前进行。

教练员挑战

介绍

国际冰联办公室将为世界冰球锦标赛和其他锦标赛提供认定的技术器具（电视或计算机显示屏），允许场内裁判与国际冰联视频监门裁判操作席（国际冰联裁判监督和操作员）配合，只在教练员已经提出正式的挑战时，对视频回放进行复审。在实际使用中，提供给场内裁判的视频回放应与国际冰联视频监门裁判操作席使用的视频回放相同。

一旦主教练提起“教练员挑战”，场内裁判员（或边线裁判员）应该立即通过耳机联系国际冰联视频监门裁判操作席，在裁判员（或边线裁判员）检查视频之前，向国际冰联裁判监督询问和讨论以下内容：① 裁判员（或边线裁判员）在场内的“最终”判罚；② 裁判员（或边线裁判员）在比赛中观察到的情况。

然后，在冰面上的相关场内裁判和国际冰联视频监门裁判操作席同时对场内的判罚进行复审，使用可以获得的任何和全部视频回放。在与国际冰联视频监门操作席复审并商议之后，相关场内裁判将对保持或推翻原有场内的判断做出“最终”的决定。一旦做出决定，裁判员将通知宣告员，并在场内进行宣告。

队伍提出的教练挑战应该以执教人员提供的信息为基础，考虑并使用符合《国际冰球联合会官方冰球规则》中的规则 26 —— 队伍官员与科技设备的技术。

程序和裁定

由教练员挑战引起的视频回放机制，意图范围极其有限，仅在决定场内最初判断错误的情况下推翻原有场内判断。如果复审不是确定性的，并且 / 或对场内的判断是否正确有任何疑问，将以场上最原始的判定为准。

各自队伍的主教练应以语言直接告知在场内的裁判员，发起教练员挑战。

每次比赛停止只允许一支队伍请求一次教练员挑战。

队伍提出教练员挑战的请求，只能对以下情况进行复审：

1. “越位”以后导致进球（《国际冰球联合会官方冰球规则》中的规则78、79、81、82、84）。

比赛中场内裁判判断“进球”，防守队主张比赛应因进攻队“越位”犯规而停止。

1） 推翻场内裁判判断“进球”的标准是，负责做出判断的边线裁判员，在复审任何以及全部可以获得的视频回放，并且和另一个边线裁判员与国际冰联视频监门操作席商议之后，判定一名或多名进攻队的队员在进球得分之前早于球进入攻区，此时，比赛本应该因为“越位”而停止。当满足这个标准时，该进球无效。

2） 如果挑战的结果是“不越位”，则进球有效，并且发起挑战的队伍将因延误比赛犯规被判队小罚，可以由被判罚队的主教练指派任何一名队员执行。

3） 负责做出判断的边线裁判员和另一名边线裁判员与国际冰联视频监门操作席商议之后，决定进球得分比赛是“越位”，当进球被推翻的情况下，计时钟（包括记罚时钟，如果适用）将被重新设置为比赛因为“越位”犯规而被停止的时间。正确的时间将由视频监门席提供给计时员。

备注 1：
仅在以下情况因为潜在的“越位”对进球进行复审：①球没有再次离开攻区；②在“越位”和进球得分期间，进攻队全部队员没有再次离开攻区。

备注 2：
如果在“越位”和视频回放驳回明显的进球之间，发生了一个或多个判罚（大罚或小罚），仍然要求犯规队（以及相应的队员）执行这些判罚，判罚的时间记录为因“越位”犯规而停止的时间。

2. 比赛得分涉及潜在的“干扰守门员”。

比赛被判“进球”，防守队认为比赛早应该因进攻队“干扰守门员”而停止。

1）比赛中场内判断“进球”后，防守队主张进球早应该因进攻队“干扰守门员”被判无效，如同规则 150 和附件 2- 参考表。

推翻场内判断“进球”的标准是，裁判员在复审任何以及全部可以获得的视频回放，并且与国际冰联视频监门操作席商议之后，决定进球因为“干扰守门员”被判无效，如同规则 150 和附件 2- 参考表。。

2）比赛中场内判断“不进球”，无论球是否进入球门，场内裁判已经判定进攻队“干扰守门员”，但是进攻队主张：①进攻队员没有向守门员发起任何形式的实际接触；②进攻队员被防守队员推、搡、犯规，使得进攻队员接触守门员；③ 在球越过球门线的时刻进攻队员在球门区内，但是没有以任何方式影响守门员防守或跑位的能力。

推翻场内判断“不进球”的标准是，裁判员在复审任何以及全部视频回放，并且与国际冰联视频监门操作席商议之后，决定场内的进球应该判为有效，因为：①进攻队员没有向守门员发起任何形式的实际接触；②进攻队员被防守队员推、搡、犯规，使得进攻队员接触守门员；③在球越过球门线的时刻进攻队员在球门区内，但是没有以任何方式影响守门员防守或跑位的能力。

3）在极少的情况下，裁判员反应过度并且在球进入球门时判断“干扰守门员”；在复审任何以及全部视频回放，并且与国际冰联视频监门操作席商议之后，决定场内的进球应被判有效， 将不执行“干扰守门员”的判罚。但将判罚其他与“干扰守门员”无关的犯规，并按正常方式执行这些判罚。

4）只有球队有暂停可用时，才能因“干扰守门员”提出教练员挑战的请求，并且教练员挑战必须在比赛恢复之前生效。如果教练员挑战没有导致原场内判断被推翻，使用该教练员挑战的队伍将失去他的暂停。如果教练员挑战导致原场内判断被推翻，成功使用教练员挑战的队伍将保留他们的暂停。记录员将在比赛记录表上记录全部教练员挑战的时间和结果。

3. 由视频监门操作席发起复审

在第 3 局比赛最后 1 分钟，以及加时赛（任何比赛）的任何时刻，国际冰联视频监门操作席将会对可能引起教练员挑战的情况发起复查。

当比赛得分因为涉及潜在“干扰守门员”或“越位”而可能引起教练员挑战时，作为首要和初始任务，国际冰联视频监门操作席及时判决决定进入球门的球是一个有效进球。这将消除任意一队进行教练员挑战的情况。

如果队伍提出教练员挑战的请求，但是根据上文所述规定，视频回放挑战是不必要的，那么将认为没有做出挑战，并且保留暂停。

电视商业暂停

在国际冰联锦标赛每局常规时间中，有 3 次商业暂停，每次时长 70 秒。所有电视转播的锦标赛都依照该商业模式，对队伍和转播方保持一致性。

商业暂停协调政策

只有在两队人数相等（4 打 4 或 5 打 5 或 6 打 6）并且比赛停止时，可以允许商业暂停。决定人数相等的是吹哨时场内人员实力。因此，如果 A 队少一人并且 B 队受到一个判罚，不允许商业暂停。

唯一的例外是，当一队因为一个 5 分钟大罚而缺少一人时，将由商业暂停协调员以正常方式实施商业暂停。但是，如果这个 5 分钟大罚期间同一个队被判一个 2 分钟小罚（形成 5 打 3 的情况），在小罚结束之前，场内不清理雪沫。

比赛计时钟倒计时过程中出现以下时间之后的第一次比赛停止时，进行商业暂停：

第一次暂停	14:00
第二次暂停	10:00
第三次暂停	06:00

只有发生这些例外，在比赛停止时不进行商业暂停：

——进球得分。
——判罚任意球。
——判定死球，除非判定死球时发生一个或多个判罚而影响了任何一队的场上人数。
——场内发生打架。

如果因为判罚或进行比赛而没有在预计的时间档进行商业暂停的情况下，错过的商业暂停机会将在第一次商业暂停 70 秒后的第一次比赛停止时弥补。如果因为另一个事件错过了第二次商业暂停，该程序将继续循环，直到进行了所有的商业暂停。

程序

进行暂停的程序如下：

- 由组织者任命商业暂停协调员。
- 鸣哨时，商业暂停协调员在记录席立即打开红灯信号，示意开始进行商业暂停。
- 商业暂停期间，记罚员打开两边受罚席门。
- 商业暂停协调员通知转播方正在进行商业暂停，并且立即启动计时装置。
- 一名边线裁判员把球放置在下一次执行争球的冰面争球点上，裁判员快速去往记录席。队员回到各自的队员席，另一名边线裁判员站在两队的队员席之间。
- 暂停剩余20秒，商业暂停协调员提示裁判员吹哨，示意队员去往争球点。
- 暂停剩余5秒，商业暂停协调员提示后方边线裁判员吹哨准备掷球。
- 应在70秒时掷球。

唯一例外允许进行额外商业暂停的时间档为：

- 队员受伤。
- 比赛场地（防护玻璃、界墙、球门）破损并且/或者需要修复。
- 任何非常规的延误，需要额外时间解决。

进行任何额外的商业暂停必须依照以上描述的程序，该暂停的时间档将从这局剩余时间档中剔除。不会借此为转播方创造额外的商业广告价值。但是，在这种情况下，将指示商业暂停协调员打开红灯，并且示意转播车正在进行选择性的商业暂停。

第1局和第2局最后30秒不进行商业暂停，第3局最后2分钟不进行商业暂停。加时赛不允许进行商业暂停。

队伍考虑的因素

队伍应知晓，在这些商业暂停期间：

· 允许守门员回到他们各自的队员席。

· 商业暂停剩余 20 秒时，一旦裁判员吹哨示意两队回到场内执行争球，允许队伍更换队员。

· 这时更换队员与比赛停止时正常更换队员遵守相同的规则。

· 商业暂停剩余 20 秒时，一旦裁判员吹哨示意两队回到场内执行争球，允许队伍申请他们的官方暂停。

· 裁判员将立即把暂停申请告知官方记录员，官方暂停将按照正常程序进行。

电视播放比赛中的进球暂停条例

电视播放的任何国际冰联赛事中，在常规时间进球，应按本条例所述执行进球暂停。

进球得分后立即启动以下程序，按以下描述来安排比赛停止的时间和/或最多45秒时间用于电视暂停：

0 ~ 12 秒	队员庆祝进球
13 ~ 24 秒	1 号慢动作回放
25 ~ 36 秒	2 号慢动作回放
37 ~ 45 秒	进球得分队员特写及信息

电视播放的全部国际冰联赛事中都将使用该形式，以确保在各支队伍和转播者之间保持一致性。

程序

操作和管理进球暂停的程序如下：

- 每场电视播放比赛必须委派一名进球暂停协调员。
- 进球之后，进球暂停协调员将在记录席立即点亮指示灯，示意正在进行进球暂停。
- 进球暂停协调员示意电视转播员正在进行进球暂停，并且立即启动计时装置。
- 裁判员快速去往记录席报告进球得分的同时，一名边线裁判员持球站在中心争球点。队员去往各自队员席的同时，第二名边线裁判员站在两队队员席中间。
- 进球暂停剩余20秒时，进球暂停协调员示意裁判员鸣哨，指示队员去往中心争球点。
- 进球暂停结束时，应立即掷球。

队伍进入和离开冰面

在国际冰联锦标赛事中，如果两支参赛队伍进入和离开冰面时使用相同的公共门和通道，将采用以下程序，以确保队伍有序进入和离开冰面并且不发生冲突。在所有活动中，包括赛前热身、局间休息和实际比赛期间，比赛计时钟是唯一的计时装置。

第 1 局和第 2 局比赛结束时，听到汽笛声之后，队伍必须依照这些程序离开冰面。汽笛声即示意一局比赛结束，比赛计时钟将被立即重新设置为适当的局间休息时间。

第 1 局和第 2 局比赛结束后，客队将回到自己的队员席，并且留在队员席，直到主队全部队员已经离开冰面并且进入通道。一旦主队的最后一名队员进入通道，裁判员将示意客队离开冰面。

比赛结束时，失利的队伍将先离开冰面，获胜的队伍在冰上等待，直到失利的队伍离开冰面。一旦失利队伍的最后一名队员进入通道，裁判员将示意获胜的队伍离开冰面。

考虑到比赛双方队伍更衣室的位置，竞委会可能同意对本规则进行调整。为了在每局开始时通知队伍回到冰面，官方比赛计时员将在每个冰场通道和更衣室区域依照以下程序鸣笛通知队伍。

比赛计时钟上的时间还有 3 分钟

官方比赛计时员鸣笛一声，提示队伍将在 1 分钟内被召唤进入冰场。

比赛计时钟上的时间还有 2 分钟

官方比赛计时员鸣笛两声，召唤主队立即离开他们的更衣室并且回到冰场。客队跟随主队最后一名队员，立即进入冰场。

组织者可以选择对该时间进行修改，以确保队员在正确时间进入场内开始比赛。

延时比赛结束后的赛前热身

国际冰联比赛日程表按照一套具有一致性的指南和原则制定。审批通过的赛程表已经在每场比赛结束后预留了足够的时间，让场馆工作人员重新整理冰面，并且允许下一场比赛的队伍进行赛前热身。

然而，当前一场比赛因为加时赛或其他原因延迟时，可能出现下一场双方参赛队伍需要在只刮冰而不是浇冰之后就进行赛前热身的情况，这样双方队伍才可以在预定的时间开始比赛。

以下的情况和指南将协助国际冰联比赛监督、双方参赛队伍各自的竞赛委员会成员进行下一场比赛并协助组织方代表做出必要的决策。

1. 如果第一场比赛结束距离下一场比赛开始有 55 分钟或更长时间，那么场馆工作人员将进行全场浇冰，以便下一场双方队伍进行赛前热身。
2. 如果第一场比赛结束距离下一场比赛开始有 45~55 分钟，那么场馆工作人员将进行刮冰，以便下一场双方队伍进行赛前热身。
3. 如果第一场比赛结束距离下一场比赛开始不到 45 分钟，那么下一场双方队伍进行热身，不进行冰面清理，或者如果下一场双方都同意缩短赛前热身时间，将进行刮冰。

如果目前的比赛明显无法在下一场比赛预计开始时间之前 55 分钟结束，国际冰联比赛监督将协同下一场比赛双方队伍各自的竞赛委员会成员和组织方代表会面进行讨论。比赛监督有责任召集该会议，并应采取一切措施确保冰面处于赛前热身的良好状态。一旦决定进行刮冰或者不进行冰面处理，以上所列成员有责任将情况告知他们的人员并且遵照执行。

当这种情况发生时，需要所有竞委会成员进行合作。执裁指导、双方队伍的竞委会成员和组织方代表需要比他们的比赛预计开始时间至少早 70 分钟到达场地。

如果可以在临近的场馆进行赛前热身，将可以避免以上程序。

大屏幕使用原则

基本原则

场馆内大屏幕或超大屏幕是呈现比赛的重要部分，用于增强观众的观赛体验。大屏幕的使用不应该影响比赛，其使用方式不应该在场馆内营造恶意气氛，不应该以负面的或者不具备体育精神的方式展示比赛、队员、裁判员或观众。大屏幕的使用应在：①体育性内容（回放）；②娱乐性内容；③公开信息之间进行平衡。

应遵循以下具体条例：

比赛中回放

所有的比赛行为或冰球动作（进球、传球、身体冲撞、守门员救挡、射门阻截，小罚包括判罚任意球的小罚、鸣哨之后的混战，但引起暴力对打和大罚等严重后果的除外），都可以不受限制地在大屏幕上显示。当回放犯规判罚时，为了向观众进行透明清晰的展示，必须使用全部可用的摄像头。

视频监门回放

来自视频监门系统的连续镜头可以在回看比赛时在大屏幕上显示 1 次，并且在确认回放结果之后额外显示 1 次。确认回放结果之后，如果对于比赛内容有多角度摄像，大屏幕上必须使用用于最终决定回放结果的摄像内容。如果对于哪个摄像内容最终决定的回放结果存有疑问，大屏幕操作员应咨询国际冰联视频监门员。

受伤

当场内有人受伤时：① 不进行回放，直到受伤队员或场内裁判员已经离开冰面；② 当有明显的信号表明有严重受伤时（运动员大量出血、骨折、不稳定的滑行），可以在受伤队员或场内裁判员离开冰面后立即回放 1 次，仅用于告知观众。之后出于任何原因，都不应该在大屏幕上进行回放。

观众

应只在大屏幕上呈现观众正面积极的状态。不应显示在大屏幕上的例子包括但是不限于：观众受伤、参与暴力行为、做出侮辱性的手势、展示侮辱性的标牌、语言上辱骂队员或裁判员、向场内投扔物体或者睡觉。

打架

如果打架是暴力性质，队员不停地相互挥拳对打，将不显示在大屏幕上。这不等同于涉及两名或多名队员的“鸣哨之后的混战”。

执行

在指定的国际冰联锦标赛电视制作伙伴（主办转播方）和国际冰联视频监门员的技术支持下，国际冰联大屏幕使用原则必须由大屏幕操作员进行协调，大屏幕操作员负责根据该原则做出相关决定。

比赛监督职责

为了帮助比赛监督在被委派的国际冰联锦标赛中完成工作，特明晰以下职责。该岗位的基本职责是在指定的比赛中将注意到的问题报告给竞赛委员会，比赛监督岗位不具有操作权。为了完成每一项任务，比赛监督应在比赛预计开始时间之前至少 40 分钟到达场地。

比赛流程

比赛前：可以随时应对需要处理的紧急情况，例如赛前热身延迟。确保开幕式遵照锦标赛规则进行。

比赛中：确保队伍在预定的时间入场，并且局间休息符合流程。在晋级赛中，熟悉掌握加时赛和射门比赛程序。

比赛后：确保闭幕式遵照国际冰联条例进行，包括奏获胜队伍国歌（摘下头盔）、队伍相互握手并且与场内裁判握手。

解决问题

可以在比赛前和比赛后回答各类问题（队员席、队服颜色、赛前热身流程）。

风险管理和安全

对设备进行巡视检查，记录下任何认为可能出现问题的事项。对队员或官员没有正确遵守秩序而违反安全程序的行为进行报告，并且确保比赛冰面和观众区域的安全。向竞委会报告场内安全问题，并且在必要时提供建议。

纪律

报告比赛期间发生的任何纪律或行为问题。如果发生停赛，准备好提供对于事件的个人观点。

裁判员比赛报告

所有裁判员比赛报告必须提交至竞赛委员会。确保该场执裁教练在比赛后立即向国际冰联赛事主席提交该报告。对于涉及的事件或者导致事件的起因，准备好提供自己的观点。执裁教练可能被要求对于裁判员比赛报告中的任何事件表明观点。

执裁教练

理解并且了解执裁教练的角色和职责。

比赛总结报告

在下一次竞委会上提供比赛总结报告，包括但是不限于以上所列的项目和事项，确保其中包含最终比分和任何严重违例以及停赛判罚。

国际冰联计时和记分系统指南

《国际冰联计时和记分系统指南》是推荐给国际赛事组织者的，其作用是显示在冰球比赛中对于队伍、官员和观众那些有用的信息。

如果现有场馆记分系统不能对进行中的比赛展示全部信息，应至少有一块电子信息屏显示额外的比赛数据，以及向观众显示有趣的新闻。如果场地冰面上方悬挂立方体电子屏幕（超大屏幕），所有信息将显示在该设备上。

1. 记分屏左侧为主队队名，右侧为客队队名。

2. 局数显示 1–2–3，加时赛显示“OT”，射门比赛显示“PSS”。

3. 每队比赛结果为两位数字，左侧为主队，右侧为客队。

4. 记分屏上可显示进球得分队员和最多两名协助队员的队服号码，主队队员在左侧，客队队员在右侧，在信息屏上显示队员姓名。

5. 比赛时间以分和秒显示，从“20:00”倒计时至“00:00”。

6. 每局最后 1 分钟以整秒和十分之一秒显示倒计时。

7. 0~20 分钟加时赛以分和秒显示，金牌争夺赛从“20:00”倒计时至“00:00”，铜牌争夺赛或者任何其他“突然胜利法”的晋级赛从“10:00”倒计时至“00:00”，循环赛或预赛从“05:00”倒计时至“00:00”。

8. 记分屏上显示受罚队员号码，以分和秒显示受罚时间，主队队员在左侧，客队队员在右侧，在信息屏上显示队员姓名、受罚时间、判罚代码。

9. 受罚时间从总时长倒计时至零。每队有 3 个位置显示 2 分钟或 5 分钟的判罚。前两个受罚在计时牌上显示直到结束，可能发生的更多的判罚将存储在计时系统中，并在第 3 个受罚位置逐一显示在等候。

10. 暂停从 30 秒倒计时至零，并且显示在大屏实际比赛时间的位置，暂停结束后，实际比赛时间自动重新出现在这个位置。应一直显示每队已执行暂停的次数。

11. 射门比赛过程按每次射门显示在比赛结果的位置。最后一次射门之后，比赛结果和决定性的进球显示在这个位置上。

12. 第一局和第二局之后的 15 分钟局间休息，以及第三局结束之后的局间休息（如果继续进行 20 分钟加时赛），都要在每局结束后自动开始倒计时。

13. 进行 5 分钟或 10 分钟加时赛的情况下，3 分钟局间休息在第三局结束后自动开始倒计时。

14. 计时系统在计分屏上显示比赛前倒计时：

——60 分钟　汽笛响起，队伍代表向记录员提供填写好的队伍信息表。
——43 分钟　队伍更衣室响起一声汽笛。
——42 分钟　队伍更衣室响起两声汽笛。
——40 分钟　两队进入场内热身。
——20 分钟　两队离开冰面。队伍代表向记录员提供队长等信息。
——6 分钟　信息屏上显示完整队员名单。
——3 分钟　裁判更衣室响起汽笛，场内裁判进入场内。
——3 分钟　队伍更衣室响起一声汽笛。
——2 分钟　队伍更衣室响起两声汽笛，两队进入场内。
——15 秒　裁判员召唤两队去中心争球点。
——00:00　比赛开始。

15. 第 2 局、第 3 局和 20 分钟加时赛之前，计时和计分系统显示局间倒计时：

——15 分钟　一局结束时，自动显示在记录牌上。
——3 分钟　裁判更衣室响起汽笛，场内裁判进入场内。
——3 分钟　队伍更衣室响起一声汽笛。
——2 分钟　队伍更衣室响起两声汽笛，两队进入场内。
——15 秒　裁判员召唤两队去中心争球点。
——00:00　比赛开始。

16. 5 分钟或 10 分钟加时赛之前，计时和计分系统显示局间休息倒计时：

——3 分钟　第 3 局结束时，自动显示在计时大屏上。
——15 秒　裁判员召唤两队去中心争球点。

——00:00　　加时赛开始。

17. 监门系统使用红灯和绿灯应按以下方法执行：比赛停止并且绿灯亮起，监门员无法点亮红灯。在射门比赛阶段，即使计时钟不走表，监门员也可以点亮红灯。

18. 应该确保计时系统备用电力供给，一旦商业供电中断时，保证计时系统的功能不受影响。

备注：

调整后的倒计时程序可能用于开幕式和闭幕式，例如国际冰联世界冰球锦标赛中对两队进行介绍。仅在与国际冰联协调后适用。

比赛服预留位置

参加国际冰联锦标赛项目的各成员国家协会，必须确保他们的队员所穿队服上，为国际冰联指定的体育竞赛和营销内容预留指定位置。队服预留位置应展示以下内容：

· 国家徽标。
· 个人号码。
· 队员姓名。
· “C”表示队长。
· “A”表示代理队长。
· 国际冰联标志。
· 广告标志和商标（如果适用）。

《国际冰球联合会官方冰球规则》《国际冰联比赛服计划指南》和《国际冰联供应商手册》包含更多关于比赛服的详细信息。参加国际冰联锦标赛项目的各成员国家协会，必须遵守这些文件中的规则和说明。

下图显示了队服受保护的区域。根据队服的设计，对下图较小的改动可以提请至国际冰联以供斟酌。

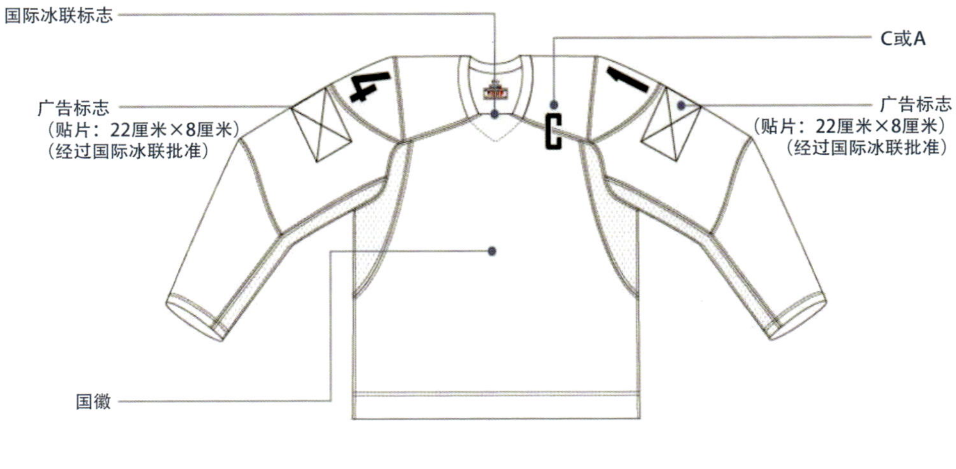

队员姓名栏
广告标志
（贴片：22厘米×8厘米）
（经过国际冰联批准）
姓 名
14
队员号码
广告标志
（贴片：22厘米×8厘米）
（经过国际冰联批准）
队员号码
国际冰联标志
IIHF

比赛服图标区位条例

IIHF
锦标赛赛事 – 图形放置指南
2017年2月
彩色代码
图形坐标
仅限队长 C或A
仅限制造商标志
姓名,号码
背部和肩部
国徽或文字标志
二级标志
赞助商标志或
小尺寸广告
联合会标志
22 厘米 × 8 厘米
5 厘米 × 5 厘米
文字标志
文字标志
姓 名
72
*图案标识只是占位符
示例：仅供说明用途
注意：颜色块并不表示实际的裁剪和缝纫设计线条
图解仅用于说明目的
国际冰联的标识必须是全彩色，黑色和白色仅用于说明目的
可能配贴奥林匹克联合会比赛服
所有的例子都适用于规则

比赛服贴片使用条例

除了国际冰联比赛队服的图标放置指南以外，成员国家协会只可以使用队服上已经界定的位置，并且用以下方式或者在以下情况用“次要的标识”呈现：

· 成员国家协会周年纪念（10 年、20 年、25 年、30 年、40 年、50 年、60 年、70 年、75 年、80 年、90 年、100 年）。
· 国家周年纪念（100 年或更多）。
· 国家奥委会标志（如果愿意）。
· 国旗。

成员国家协会 100 周年纪念等特殊情况，特殊贴片的位置可以讨论。应该在半年大会上，由成员国家协会和国际冰联对该事项进行讨论，比相关的周年锦标赛赛季提早一年。

一旦成员国家协会界定了该特殊贴片（不晚于下一个在队服上使用贴片的赛季年度的 1 月 1 日），成员国家协会应该获得国际冰联对于队服设计的批准（例如，2019 年国际冰联世界青年锦标赛贴片的使用，最晚提交截止时限为 2018 年 1 月 1 日）。

北美尺寸场地冰面标记

一旦批准在冰面为北美尺寸的场馆进行国际冰联比赛，即自动表示统一使用冰面现有的球门线、蓝线、中区红线和标志线，但是，球门区和球门后面的梯形线除外。

国际冰联赛事冰面尺寸

在任何国际冰联赛事中使用一个以上的比赛场地，为了平等和比赛公平，冰面必须设置为相同尺寸。若提前经所有参赛的成员国家协会书面同意，可以允许例外情况。

队员录入程序和最后期限

任何国际冰联比赛之前，成员国家协会负责使用国际冰联队员线上注册系统（the IIHF Hydra Online Player Registration System）完成并且提交赛事中他们的队伍大名单，包含全部可能参加的运动员和工作人员的姓名和数据。

国际冰联办公室必须在第 1 场比赛开始之前至少 14 天收到队伍大名单。

第一次竞委会上，参赛队伍必须从初始队伍大名单中选出至少 15 名队员和 2 名守门员进行注册。

截至比赛开始之前 2 小时，允许队伍按意愿录入并且注册新队员和守门员，只要他们在初始队伍大名单上，并且不超过该赛事的最高人数限制。

如果有球员和守门员在最初的队伍大名单中无论以何种理由被遗漏，队伍必须在赛前填好并提交《迟报运动员申请表》，至少提前 24 小时完成运动员的报名说明、注册及录入到队伍大名单中。这样才能允许运动员参加比赛。

赛前会议

在国际冰联各级别锦标赛或其他赛事之前，组织者必须安排赛前会议，由国际冰联、参赛国家协会的队伍官员及组委会成员参加。这些会议由国际冰联委派的代表召集举行，并且由组织者安排，以确保每个参与方在赛事开始前对锦标赛的各个环节达成一致认知。

不论队伍的日常活动是否与这些会议时间重叠，参赛队的工作人员都必须参加这些会议。每个会议的内容和目的概括说明如下：

主教练规则信息会议（HCRIM）

委派至各个国际冰联锦标赛或其他赛事的国际冰联执裁教练（们）将主持主教练规则信息会议，各参赛队主教练参加。会议目的是解释应用于该赛事的国际冰联规则以及程序。会议也用于为国际冰联执裁管理人员和各队主教练建立沟通渠道。

凡是召开主教练规则信息会议的国际冰联赛事，都要求主教练必须参加该会议。

请记住，如果任何国家队的主教练未参加主教练规则信息会议，将对相应国家协会处以 5000 瑞士法郎的罚款。

球队医务人员会议

国际冰联医务监督和赛事首席医疗官将共同主持球队医务人员会议，与每支队伍的队医和医务人员讨论并强调锦标赛中关于健康、医疗、营养以及反兴奋剂的相关安排。

队伍媒体经理会议

国际冰联代表将与主办国转播方（如果可以参加）主持并组织队伍媒体经理会议，组委会以及各参赛国家媒体经理参加。要求所有队伍的媒体经理参加会议，会议将对媒体相关的所有事项以及锦标赛事的媒体程序进行简要说明。

护照核查会议

国际冰联代表将主持并组织护照核查会议，国际冰联数据统计主管以及各参赛国家的领队参加。要求所有队伍的领队参加会议。各队伍必须携带其队员的护照、护照复印件以及签了字的《运动员报名表》。对于符合国际冰联资格但是根据国际冰联章程和条例被视为未成年的队员，还要在《运动员报名表》后附上一张由父亲、母亲或其他法定监护人签过字的《国际冰联未成年负责书》。

执裁 —— 裁判员和边线裁判员

申请复审程序

根据《国际冰联条例》第 22 条的规定，国际级裁判员和边线裁判员必须获得国际冰联的资格认证。国际冰联裁判委员会应对成员国家协会提供的所有国际级裁判员和边线裁判员的申请进行复审。国际冰联必须在相应的锦标赛赛季的 7 月 31 日之前收到全部申请。国际冰联裁判委员会将根据裁判员的裁判职业经历、以前的评估及国际冰联裁判监督的报告来认证其资格。

国际冰联裁判委员会必须将其建议及已获得执照的裁判员和边线裁判员提议名单，一同提交给国际冰联理事会批准。

国际冰联裁判员和边线裁判员年龄上限为50岁，到申请截止日 7 月 31 日。

理事会应每年公布国际级裁判员和边线裁判员的资格认证费用。

国际冰联赛事裁判提名

国际冰联裁判委员会必须向理事会提交获得执照的裁判员和边线裁判员建议名单，并等待审批。获批之后，国际冰联裁判委员会将国际冰联各赛事建议裁判员和边线裁判员安排名单，并提交年度大会进行审批。

已经安排好的裁判员或边线裁判员，只有在经过国际冰联秘书长或国际冰联裁判委员会主任批准后，才可以更换。

国际冰联裁判监督通过竞委会主席去提名每场国际冰联赛事的裁判员和边线裁判员；此外，国际冰联世界冰球锦标赛及奥运会赛事的裁判员和边线裁判员，将由国际冰联裁判委员会选派。所有提名都是最终的，只有在裁判员因为行李丢失、受伤或生病而导致不能按时到场的情况下，才有可能换人。

原则上，国际冰联世界冰球锦标赛各场比赛的监门员，必须来自不参加该比赛的国家。

其他国际比赛必须由持有现行国际冰联执照的裁判员进行执裁，该裁判员的委派经过相关成员国家协会同意。

国际比赛报告

国际冰联裁判员有义务向国际冰联（裁判主管）报告所有不完整的比赛、严重违例、停赛以及任何其他非常规的情况，包括但是不限于国际冰联管辖下进行的、国际比赛中发生的操纵比赛的事件和/或怀疑是操纵比赛的事件，如《国际冰联行为准则》中所列示的那样。

执裁制度

国际冰联的执裁制度已在《国际冰球联合会官方冰球规则》中列示。三人制或四人制将用于所有国际冰联赛事以及相关国家队的国际比赛。理事会可以对特定国际冰联赛事调整执裁制度。

国际冰联裁判员和边线裁判员服装

在国际冰联赛事中，国际冰联裁判员和边线裁判员应按以下要求着装：

——纯黑裤子。
——带护目镜的黑色头盔。
——黑色和白色竖条纹上衣（条纹宽3厘米）。
——国际冰联徽章在上衣左胸前适当位置。
——裁判员和边线裁判员必须穿戴国际冰联场内裁判员和边线裁判员的护具。
——裁判员必须在每只袖子上部佩戴红色或橙色的8厘米宽的袖标。

广告

在国际冰联赛事和所有国际冰联管辖下进行的国际比赛中，禁止持有国际冰联执照的裁判员和边线裁判员穿戴任何广告商标或者生产商的标志，除非该广告已经过国际冰联安排和批准。

如果国际冰联已经为获得国际冰联执照的裁判员和边线裁判员安排了广告，他们必须按照国际冰联的指示穿戴广告标识。

国际冰联比赛用球冷冻指南

为了尽量在所有上场轮次给队员提供最佳的冰球，将按照以下程序确保比赛中所有时间都在使用冷冻的冰球。“冷冻冰球程序”为所有锦标赛顶级组别（男子、女子、男子U20、男子U18、女子U18），以及冬奥会的所有男子和女子比赛设计和使用。

程序如下

1. 当冰球已经在实际比赛时间中使用超过2分钟，裁判鸣哨比赛停止时，记罚员将打开受罚席门。

    17:34　使用一个新冰球。
    16:10　吹哨比赛停止，继续使用同一个冰球。
    15:12　吹哨比赛停止，使用一个新冰球。

2. 因为边线裁判员不知晓冰球已经在比赛中使用的实际时间，所以打开受罚席门示意边线裁判员来取一个新的冰球，是记罚员的工作。边线裁判员将过来取走球并用它进行接下来的争球。
3. 每局开球之前，边线裁判员会在即将进行争球之前去取一个新冰球。
4. 清理雪沫的过程中，边线裁判员不去取冰球，等到清理工作结束后才去取冰球。
5. 如果因为任何原因有一个时间较长的比赛停止（冲突、修复冰面、防护玻璃破损等），并且冰球已经明显从冰柜中取出超过一定时间，记罚员将在比赛即将恢复时示意边线裁判员来取一个新冰球。

为了成功执行该程序，记录员（场外裁判监督）将确保：

1. 冰场的受罚席内应有冰柜，温度保持在零下8摄氏度至零下12摄氏度之间，理想温度是零下10摄氏度。
2. 比赛开始之前，从冰柜中取出15个冰球并直接放入硬塑料的冷藏箱中，放进受罚席的冰柜里。

3. 组织者有责任确保每场比赛至少有 80 个官方比赛用球。重要的是，这些冰柜温度设置在零下 12 摄氏度。这将确保冰球送至记录员（场外裁判监督）时是冷冻的，适合比赛使用。

4. 第 2 局和第 3 局比赛开始时，从队伍的冰柜中取出额外 15 个冰球，直接送往受罚席的冰柜里。

5. 记罚员将所有冷冻的冰球放置在受罚席冰柜中，直到比赛中需要球时才立即取出来。

6. 当比赛中使用过的冰球归还给记罚员时，不应该将冰球放回受罚席冰柜中，而是应该在每局比赛结束时将其归还给组织者。

放在记录员席的冰柜的温度，必须设置为零下 10 摄氏度以下，但又不能低于零下 12 摄氏度。这样才能保证在开关冰柜门给比赛取球时柜内温度仍保持在所需的温度。在该温度下，冰球的反弹力将被减弱。

组织者应检查并监督冰球冰柜的温度，以确保设置的温度不低于零下 12 摄氏度。

射门比赛干刮冰程序

射门比赛开始之前，将使用一台或两台浇冰车，按以下所述对争球点之间的冰面区域进行干刮冰（无水）。

进行刮冰之前，浇冰车应该做好以下准备：

- 清空浇冰车雪箱。
- 清空浇冰车的水箱。
- 取下浇冰车爬犁上的拖布。
- 用水冲掉刀刃和螺旋绞垄上的冰渣。
- 调节刀刃深度，使得左侧和右侧的远端边口的刮冰深度一样。
- 确保有充足的燃料或电量完成刮冰。
- 进入冰面前，用水洗净轮胎。

使用两台浇冰车干刮冰（无水）的建议程序：

- 加时赛结束后，场馆工作人员立即搬走球门和门钉，放置在侧面界墙附近。
- 两台浇冰车将同时进入冰面，把浇冰车上的爬犁放在冰面上。
- 第一台浇冰车将从端区球门线后最靠近浇冰车门的区域开始刮冰，接向对面端区的方向，先从冰场中路扫第一趟。
- 一旦第一台浇冰车已经达到远端球门区，第二台浇冰车将跟随第一台浇冰车的路线，从左侧边缘外面开始刮冰，略微重叠。
- 第一台浇冰车将前行通过球门区，并尽可能多地超过球门线，然后完全右转直向对面端区，刮冰经过争球点顶端。
- 第二台浇冰车将跟随第一台浇冰车，前行通过球门区并尽可能多地超过球门线，然后完全右转，从第一台浇冰车路线的右侧边缘里面进行刮冰，略微重叠。
- 两台浇冰车将继续这种方式（每台车 3 圈整），完成对争球点之间的整个冰面的刮冰。
- 应留意确保两台浇冰车刮冰的量相同。

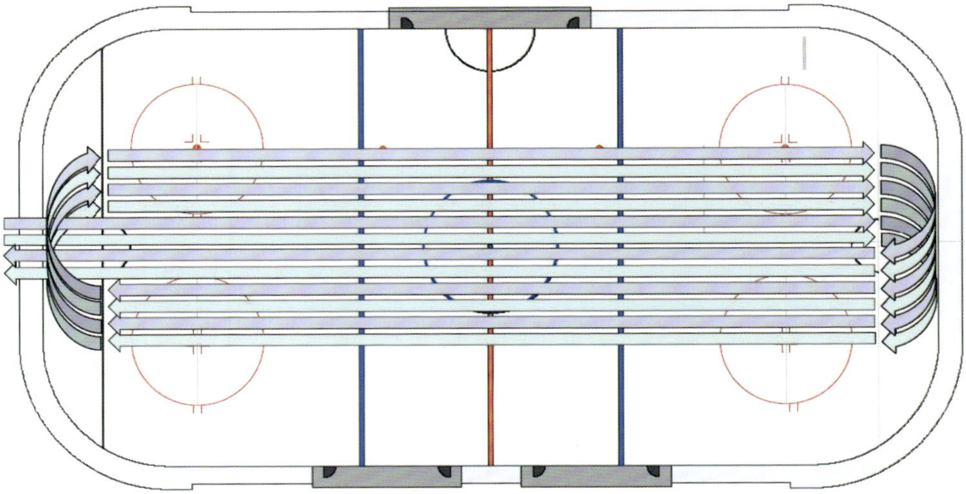

国际冰联射门比赛刮冰程序
（两台浇冰车）

使用一台浇冰车刮冰（无水）的建议程序：

· 加时赛结束后，场馆工作人员立即搬走球门和门钉，放置在侧面界墙附近。
· 浇冰车将进入冰面，把浇冰车上的爬犁放在冰面上。
· 浇冰车将从端区球门线后最靠近浇冰车门的区域开始刮冰。向对面端区的方向，先从冰场中路扫第一趟。
· 浇冰车将前行通过球门区，并尽可能多地超过球门线，然后完全右转直向对面端区，刮冰经过争球点顶端。
· 浇冰车将前行通过对面端区的球门区，并尽可能多地超过球门线，然后完全右转，从第一圈右侧边缘外面进行刮冰，略微重叠。
· 浇冰车将继续这种方式（6 圈整），直到完成争球点之间的整个冰面的刮冰。

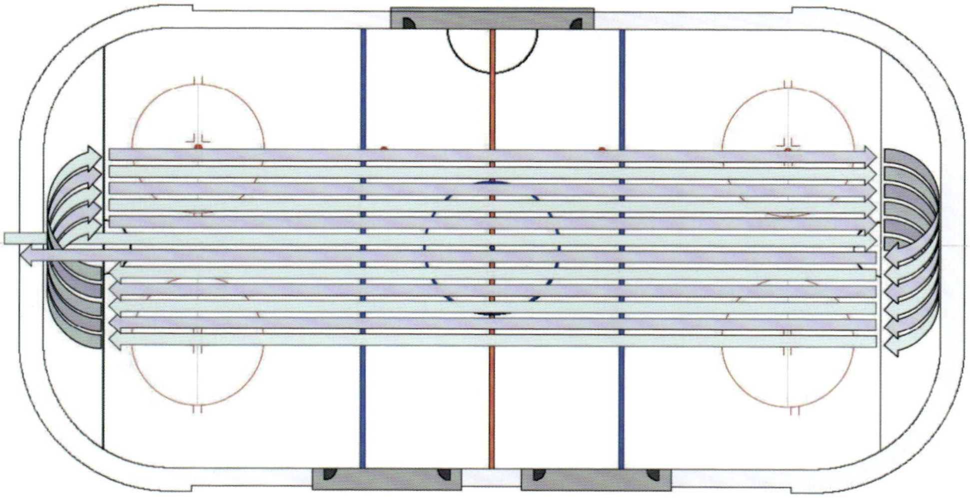

国际冰联射门比赛刮冰程序
（一台浇冰车）

国际冰联国家联赛数据统计系统要求

参加国际冰联锦标赛计划的国际冰联成员国家协会，必须运营和维持一套功能完备的线上数据统计系统。有意愿参与国际冰联某级别锦标赛的队员，其个人国内联赛信息应录入该系统。该数据统计项目必须包含以下内容：

1. 联赛各级别比赛的日程。
2. 联赛排名和统计数据，包括：
   - 参赛队伍名称。
   - 积分 / 排名。
   - 比赛场次。
   - 获胜。
   - 失败。
   - 进球数。
   - 失球数。
   - 得分。
3. 以队伍显示的注册队员个人姓名和统计数据，包括：
   - 姓名。
   - 队员性别。
   - 出生日期。
   - 国籍。
   - 位置。
   - 比赛场次。
   - 进球数。
   - 协助数。
   - 受罚时间。
   - 守门员数据统计。
4. 比赛统计数据。
5. 一份现在正受罚的队员禁赛清单。

所有成员国家协会有责任确保他们的在线数据统计系统遵守国家以及国际数据保护法律。

国际冰联场外裁判手册

2019 IIHF OFF–ICE OFFICIALS’ HANDBOOK

前言

《国际冰联场外裁判手册》旨在为委派的场外裁判提供冰球比赛运营组织架构、人员、分工和程序的建议。我们相信该手册将对成员国协会、联盟、俱乐部以及在成员国协会管理下的比赛运营组织者有所帮助。同样，任何成员国协会、联盟或俱乐部可根据需求和目的变更该文件中的任一部分。

《国际冰联场外裁判手册》为记录员、计时员、宣告员、监门员和记罚员的责任、分工以及工作程序提供指南。

场外裁判应熟悉他们的职责和相关程序。此外，他们应该熟悉比赛规则。深入理解职责，掌握比赛规则的基本知识，场外裁判可以在冰球比赛中为场内裁判提供有力协助。

《国际冰联场外裁判手册》已更新至与2018—2022年《国际冰球联合会官方冰球规则》一致。委派参加国际冰联赛事的场外裁判责任、分工和程序包含在独立的文件中，可以从国际冰联办公室获得。

第1章 基本信息

每场冰球比赛，应指派以下场外裁判岗位：

——1名记录员（最多两名助理记录员）。
——1名计时员。
——1名宣告员。
——2名记罚员。
——2名监门员。

通常，选派的场外裁判可能包括裁判员、地区或地方裁判长、地区或国家协会裁委会代表或接受过训练的志愿者。

选派的场外裁判应精通规则，并且必须理解暂缓判罚情况、同等时间判罚规则，并且应熟悉裁判员手势。

比赛或赛事前准备阶段，记录员应与联盟、俱乐部或地方组织者的代表会面，讨论以下内容：

· 适用于该赛事的特殊规定（商业暂停、比赛开始、视频监门等）。
· 赛事中用于联络的电话号码。
· 记录席内的设备和测量工具。
· 场外裁判着装要求。
· 场外裁判就餐安排。
· 工作报酬。
· 证件。

比赛或赛事之前，记录员应组织选派的场外裁判开会讨论以下内容：

· 与赛事和组织相关的基本信息。
· 场外裁判的角色和责任。
· 比赛的提名程序。
· 比赛前、比赛中和比赛后程序：
　——选派的场外裁判工作计划和时间安排。
　——就餐安排。
　——着装要求。
　——工作报酬。

· 与数据统计组合作（如果安排）。

所有选派的场外裁判，应比预定的比赛开始时间至少提前 90 分钟到达冰场。个人到达时间，可以由记录员提出要求并做出安排。所有选派的场外裁判受记录员监管。

第 2 章 分工与职责

2.1 记录员

2.1.1 比赛前记录员职责

比赛前，联盟、俱乐部或地方组织者必须向记录员提供原始、空白的比赛记录表。

比赛开始前 60 分钟，记录员应通过两队经理或教练员获得有参赛资格的全部队员名单。他还应知晓每场比赛选派的裁判员和边线裁判员姓名。

比赛开始前，记录员应在比赛记录表上填写以下内容：

1. 每位参赛队员的姓名、位置和队服号码。
2. 与比赛有关的全部数据，例如比赛名称、地点、日期、时间、主队队名和客队队名，以及选派的裁判员和场外裁判员的姓名。

比赛预定开始时间前 20 分钟，记录员应通过两队经理或教练员获得队长和代理队长的姓名，并在比赛记录表中他们的名字前标注 C 和 A。

在比赛开始前至少 10 分钟，记录员必须将填写并签字的比赛记录表复印件，送至裁判员更衣室。

在比赛开场争球前，队伍有权利增加或删减比赛记录表上的队员名单。

2.1.2 比赛中记录员职责

比赛中，记录员应在比赛记录表中记录以下信息：

1. 进球得分。
2. 判定的进球得分队员和协助队员的号码。
3. 进球得分时，在场内的两队队员号码。
4. 场内裁判员做出的全部判罚，每次被判罚的队员号码、犯规种类、进行判罚的时间以及判罚的时长。
5. 每个判定的任意球，罚任意球的队员姓名和罚球结果。
6. 替补守门员进入比赛的时间。

国际冰联比赛记录表填写示例可见附录 4 和附录 5。

记录员应对以下事项负责：

1. 确定协助进球队员的号码。
2. 更正记分牌上显示的判罚和得分。
3. 确保所有受罚队员执行的判罚时长正确。
4. 一旦发现计时钟上显示的时间与正确官方时间有误差，及时提醒场内裁判员。
5. 按照裁判员指示做出相应的调整。
6. 当同一名队员在同一场比赛中被判第二个违例时，告知裁判员。
7. 如果发现没有列在比赛记录表上的队员参与比赛，通知裁判员。
8. 作为场外裁判和场内裁判员之间的联络人。

2.1.3 比赛中与场内裁判沟通

比赛中，记录席内的场外裁判收到可能对裁判有用的信息，裁判员可以通过记录员向场外裁判询问有争议的情况，场外裁判应通过记录员回复裁判员。

在比赛期间，记录员是唯一被授权向裁判员提供比赛相关信息和与裁判员讨论比赛相关问题的场外裁判。

记录员可以在以下情况中协助裁判员：

· 队伍和/或守门员判罚：

——守门员被判罚时，记录员应记录场内队员的队服号码，并且在裁判员需要时提供该信息。

——如果裁判员希望被告知，记录员应记录判罚时场内所有队员的队服号码。

· 争执：

——如果裁判员希望被告知，记录员应记录场内所有队员的队服号码，以及从队员席进入场内参与争执的队员号码。

——在队员离开队员席去参与的事件中，记录员可以协助裁判员记下参与队员的号码，但是只在裁判员需要时向他提供相关信息。

· 与视频监门员沟通（如果使用视频监门系统）：

——当裁判员必须与视频监门员讨论某一进球情况时，在记录席的记录员将向裁判员提供电话，直接联系视频监门员。

当场外裁判与裁判员讨论情况时，他们应避免使用任何头部或手部手势，因为这会导致困惑或争议。

2.1.4 比赛后记录员职责

比赛后，记录员的首要任务是核实已填写的比赛记录表，并且让裁判员签字。记录员应复核，如果有必要，与裁判员在每局结束时更正比赛记录表。

比赛结束后，记录员应填写完比赛记录表，准备让裁判员签字，并且交给正确的权利机构。

任何更改队员得分的请求应不予考虑，除非在实际比赛结束前（或者在裁判员签署比赛记录表之前）由队长提出。

2.3 助理记录员

记录员一般最多有 2 名助理记录员，在比赛前、比赛中和比赛后协助他工作。比赛前，记录员应和助理记录员召开短会讨论合作事宜。

记录员可以建议助理记录员在以下方面给予协助：

1. 检查记录席内的设备和测量工具。
2. 比赛中提供参加比赛的队员和守门员的信息。
3. 守门员被判罚时，记录场内队员的队服号码。
4. 进球得分时，记录双方场内队员的队服号码。
5. 记录获得协助的队员的队服号码。
6. 如果队员离开队员席去参与场内事件，记录其队服号码。
7. 记录员要求的其他任务。

助理记录员受记录员监管。

2.4 计时员

比赛计时钟是冰场中唯一的官方计时系统。所有活动都由这个计时装置来记录开始时间。在比赛前、比赛中和比赛刚结束时，计时员全程对该装置上显示的时间负责。

计时员应记录和管理：

1. 比赛前倒计时。
2. 每场和每局比赛的开始和结束时间。
3. 每局之间 15 分钟的局间休息。
4. 比赛中所有实际比赛时间。
5. 所有判罚的开始和结束时间。
6. 所有暂停的开始和结束时间。

所有计时系统程序应由计时员启动和管理。计时员受记录员监管。

2.4.1 比赛前计时员职责

比赛开始之前，计时员必须：

1. 与地方组织者或承办俱乐部讨论任何关于比赛的特殊安排（开幕式、讲话、局间休息等）。
2. 与记录员讨论如果比赛计时钟出现故障如何与场外裁判合作。
3. 熟悉计时系统及其功能。
4. 确认计时系统运转正常：
   ——在计时钟上设置比赛时间。
   ——在计时钟上设置判罚时间（2 分钟、2+2 分钟和 5 分钟）并清除。
   ——开始和停止计时钟。
   ——设置暂停时间并且检查倒计时。
   ——检查汽笛。
5. 检查计时装置的其他功能。
6. 准备秒表并确认其正常工作。
7. 记录计时系统维护人员的电话号码，并且确认其电话正常工作。
8. 比赛开始前 60 分钟就位，开始倒计时程序。
9. 作为当地统计协调员和统计经理的联络人。

2.4.2 比赛中计时员职责

比赛开始前及第 2 局、第 3 局和任何加时赛开始前，裁判员和两队都准备好在中心第一次争球时，裁判员将举手向计时员示意准备掷球。

裁判员应从计时员处收到“OK”信号，表明计时系统已准备好开始比赛。自此后，计时员的全部注意力必须集中在裁判员身上。

当裁判员掷球时，计时员必须立刻操作比赛计时钟开始计时。

比赛中，任何场内裁判员掷球时，计时员都要立即开启比赛计时钟，并且在听到裁判员或边线裁判员哨音时应停止计时钟。

操作计时系统时，计时员必须同步使用秒表对比赛进行计时。秒表是备用计时装置，以便比赛中计时系统出现故障时，进行手工计时操作，来保持正确的时间。应由同一人操作计时系统和秒表，保持一致性，以备场内裁判或队伍询问正确时间。

如果场馆没有自动信号装置，或者该装置不能正常运行，计时员应在每局结束或加时赛结束时，用蜂鸣器汽笛或吹哨进行示意。

在第 1 局和第 2 局剩余比赛时间为 1 分钟时，以及第 3 局剩余比赛时间为 2 分钟时，计时员应告知宣告员通过广播系统进行宣告。

为了使每个人知晓局间休息的剩余时间，计时员应使用比赛计时钟记录局间休息时长。在一局结束时，比赛计时钟应立即开始局间休息倒计时。

在每局开始之前，计时员应向场内裁判、场外裁判和双方队伍给出预先提醒信号：

- 比赛计时钟上剩余 3 分钟：一声汽笛，表明 1 分钟内队伍将被召唤进入冰面。
- 比赛计时钟上剩余 2 分钟：两声汽笛，召唤队伍立即离开他们的更衣室并且返回冰面。

如果计时系统出现问题或更衣室没有配备汽笛，信息将通过计时员吹哨传达给队伍，同时一直通过秒表保持对时间的控制。如果的确出现这种情况，应在问题发生时，通过记录员或助理记录员，尽快告诉场内裁判员。

任何关于时间的争论事件，应反馈至裁判员裁定，并且他们的决定是最终决定。

各种活动的名称、时间顺序，以及在比赛中的实际时长，都以在比赛计时钟上的显示为准：

活动	时序	实际时长
距离队伍上冰的倒计时开始	比赛开始前 60 分钟	连续 20 分钟
队伍赛前热身	比赛开始前 40 分钟	连续 20 分钟
距离比赛的倒计时开始	比赛开始前 20 分钟	连续 20 分钟
第 1 局	20 分钟	20 分钟净时
第 1 局局间休息	15 分钟	第 1 局结束后立即开始，连续 15 分钟
第 2 局	20 分钟	20 分钟净时
第 2 局局间休息	15 分钟	第 2 局结束后立即开始，连续 15 分钟
第 3 局	20 分钟	20 分钟净时
加时赛局间休息	3 分钟	第 3 局结束后立即开始，连续 3 分钟

2.5 宣告员

· 宣告员负责通过广播系统宣布信息。

· 宣告员受记录员监管。

2.5.1 赛前准备

比赛开始前，宣告员应该：

· 从两队获得全部有资格参赛队员的名单，以及选派的场内裁判姓名。

· 研究各队队员、官员、裁判员和边线裁判员的姓名。

· 掌握他们名字的正确发音。

· 与记录员见面讨论比赛。

· 演练在比赛前、比赛中、比赛后必须播报的全部宣告内容。

· 确认记录席上的麦克风正常工作。

· 至少在比赛开始前 45 分钟在记录席就位，并且准备开始宣告。

2.5.2 赛中宣告

比赛中，宣告员应通过广播系统宣布：

1. 判定的进球和协助。
2. 判罚。
3. 受罚结束。
4. 第 1 局和第 2 局剩余 1 分钟。
5. 第 3 局剩余 2 分钟。

比赛计时钟出现故障的情况下，宣告员必须：
1. 依据记录员的要求，立即通过广播系统通知观众和队伍。
2. 在比赛停止时，宣布比赛进行的时间或被判罚队员的受罚时间。
3. 当比赛计时钟再次开始工作时，通知观众和队伍。国际冰联比赛中使用的宣告词示例可见“宣告词范例”。

2.6 记罚员

每队受罚席应指派一名记罚员。记罚员应负责：

1. 依据受罚队员的需要，向其提供剩余受罚时间的正确信息。
2. 依据受罚结束时间，允许受罚队员在适当的时候回到场内。
3. 如果队员在受罚结束前离开受罚席，告知记录员。

记罚员受记录员监管。

比赛中，记罚员应记录判罚开始和结束的时间，以及该受罚队员回到场内的时间。

记录信息的示例如下：

队员号码	代替受罚队员号码	判罚时长（分）	犯规	开始	结束	回到场内
8		2	H–ST	18:05	20:05	19:45（进球）
10		2	CH–B	18:20	20:20	20:20
10		10	MISC	20:20	30:20	30:20

比赛中，比赛计时钟上受罚时间结束时，记罚员应立即打开受罚席门，表明该队员的受罚时间结束，他可以回到场内。

如果一局或比赛结束的汽笛声响起，或者裁判员停止比赛后场内有冲突或打架，记罚员必须使受罚队员留在受罚席内，直到场内情况得到了场内裁判员的控制。记罚员不可以让受罚队员进入场内，防止受罚席内的队员介入冲突或打架。只有明确了受罚队员将不会介入与对方队员的冲突或打架时，记罚员才可以从受罚席放出受罚队员，允许他通过冰面去到他的更衣室或队员席。

如果受罚队员在冲突或打架中自己离开受罚席，将适用规则 154-（4）过早离开受罚席。

在这种情况下，记罚员应立即通过记录员向裁判员（们）报告。

2.7 监门员

比赛进行中应在每个球门后设置一名监门员，如果可能，设置在有适当保护的区域，这样他们可以不受干扰。比赛中监门员不应交换场地。

比赛中监门员不应被替换，除非因为疾病或其他一些不可预见的情况。

监门员应判断球是否在球门柱之间穿过并且完全越过球门线，并且给出适当的示意。

当认为球在球门柱之间穿过并已经完全越过球门线时，监门员应打开红灯，至少持续 5 秒。

停电的情况下，每名监门员必须配备一面红旗，作为电子红灯的备用。当球完全越过在球门柱之间的球门线，监门员必须举旗示意。

裁判员可能咨询监门员，但是裁判员将对有争议的进球做出最终判定。

监门员受记录员监管。

第 3 章　记录席

3.1　记录席的场外裁判

记录员、两名助理记录员、计时员和宣告员必须位于记录席内，两名记罚员应安排在受罚席内。

在指派的受罚席内，记罚员应有专门的座位。他们应对整个冰面有良好的视野，并且应能够清楚地看到比赛计时钟上的时间，以便在更恰当的地方履行他们的职责。

比赛期间，场外裁判应避免与观众交谈。

3.2　记录席所需设备

比赛中，记录席必须有以下设备，这些物品由记录员负责，必须在比赛中任何时候都可使用：

1. 2 块秒表。
2. 一把被认可的球杆测量器。
3. 一个小的记事本和削好的铅笔。
4. 一个额外的场内裁判哨子。
5. 提供给场内裁判的 3 或 4 整瓶饮用水。
6. 提供给场内裁判的 3 或 4 块毛巾。
7. 一把测量卷尺。
8. 两面监门旗（红色）。

第 4 章　解释和指南

4.1　判定进球协助指南

记录员或助理记录员负责判定每个进球的协助。以下为判定协助使用的指南：

1. A8 传球给 A9，A9 传球给 A10，A10 射门得分。
   判定： A10 进球得分，A8 和 A9 协助。

2. A8 朝球门方向射门，但没有射中守门员，A9 重新得到球并且传球给 A10，A10 射门得分。
   判定： A10 进球得分，A8 和 A9 协助，因为没有 B 队队员控球。

3. A8 传球给 A9，但是球经过 B 队队员的身体、球杆或冰刀反弹，并且被 A9 重新得到，A9 传球给 A10，A10 射门得分。
   判定： A10 进球得分，A8 和 A9 协助，因为没有 B 队队员控球或拥有球权。

4. A8 射门，球被守门员挡住，之后球反弹，并且 A10 将球射入球门。
   判定： A10 进球得分，A8 协助。

5. A8 传球给 A9，A9 试图传球给 A10，但是 B 队队员阻截传球。A10 从 B 队队员手中抢到球，并且将球射入球门。
   判定： A10 进球得分，但是没有协助，因为在射中得分前 B 队队员拥有球权并控球。

6. A8 传球给 A9，A9 传球给 A10，A10 射门，但是球被守门员挡住并弹出。然后 A10 重新得到球并射入球门。
   判定： A10 进球得分，A8 和 A9 协助。

4.2　进球后放出受罚队员指南

根据规则的规定，当一支球队人数缺少且失分时，应考虑以下指南：

关于小罚应问 3 个问题：

——该队是否正在执行小罚？
——该队场上人数是否少于对方？
——该队是否失分？

如果对 3 个问题的回答都是“是”，进球得分后第一个执行的小罚终止，除非对方是罚任意球得分，或者在规则 114– 缓判中明确规定。

如果该队人数缺少，但是对方是罚任意球得分，没有受罚队员回到场内。协助记罚员判断在进球得分后受罚队员是否回到场内的示例情况，可见《国际冰联执裁案例》规则第 114 条。

4.3 抵消判罚指南

比赛中，可能会出现适用《国际冰联执裁案例》规则第 112 条“同等时间判罚”的情形。

同等时间判罚示例可见《国际冰联执裁案例》规则第 112 条。

第 5 章　国际冰联赛事特殊安排

5.1　地方统计协调员

关于国际冰联赛事，根据比赛的类别和级别，国际冰联将委派一名额外人员或一组人员（比如数据结果经理、数据结果操作员、数据观察员等）管理和操作统计项目。国际冰联将在赛前和赛会组织者一起安排此事。

主办国际冰联赛事的地方组织者必须提名一位地方统计协调员，协调和监督统计组工作，并且作为国际冰联数据经理、统计组和场外裁判之间的联络人。

委派地方统计协调员的要求和职责如下：

- 必须可以熟练地说英语。
- 作为统计组和国际冰联数据经理之间的联络人。
- 为地方统计组制订分工计划。
- 为统计相关的事项协调地方技术支持人员 / 技术人员。
- 协调统计结果发布（队伍、媒体、广播、贵宾、组委会、国际冰联等）。

地方统计协调员的职责，以及与场外裁判的合作事宜的更多细节描述可见特定的《国际冰联统计条例》。

5.2　记录席额外安排

5.2.1 Hydra 统计服务

对于国际冰联委派数据结果经理操作统计项目的国际冰联赛事，地方组织者必须在冰场中提供配备高网速、有电脑和打印机的办公室，尽可能靠近记录席，方便委派的国际冰联数据结果经理到达记录席。

录入比赛信息的电脑操作员（Orion 操作员）需要在记录席内坐在记录员旁边。录入有效射门和争球的电脑操作员（Gemini 操作员）应坐在对赛场有良好视野的位置。两个位置都应有足够空间的操作记录系统的硬件设备。

组织者必须为有线网络连接、电力供应和在记录席上充足的工作空间提供技术支持与安装。这应该事先与赛事组织者讨论好，确保可以操作。

此外，在国际冰联锦标赛顶级组和冬季奥林匹克运动会中，统计服务系统的功能是立即告知记录员射门得分或判罚相关的队员的队服号码。

5.2.2 视频监门电话操作员

在国际冰联锦标赛顶级组、冬季奥运会和其他特定的国际冰联赛事中，地方组织者必须提供记录席与视频监门员座位之间的专线电话。

视频监门电话操作员必须坐在记录席的电话前，电话必须配备与铃声同步的闪光信号，以避免错过视频监门的来电。

5.2.3 商业暂停协调员

有商业暂停的国际冰联比赛，必须委派一名商业暂停协调员，坐在记录席启动红灯示意商业暂停。商业暂停协调员在记录席应有位置，为裁判员提供商业暂停剩余时间的可视信息。

国际冰联赛事商业暂停程序和商业暂停协调员的职责可见附录 10。

5.3 国际冰联官方比赛记录表填写指南

见附录 3 至附录 6。

5.4 国际冰联计时和记分系统指南

见附录 7。

附录 1——队伍组成表示例

队伍组成表

赛事 U20A	队伍 Switzerland
日期 2000-12-26	地点 Luzhniki Minor Sport Arena

主队 (A) Switzerland Vs 客队 (B) Russia		
队伍组成：Switzerland	日期：2000-12-26	比赛场次：4

位置 / 职责		姓名		队服号码
GK		Sievert Paskal		1
GK		Zerzuben Martin		30
1 组	LD	Gerber Beat		2
	RD	Hirschi Steve		8
	LW	Niggli Stefan		18
	CE	Nussli Thomas		23
	RW	Camichel Duri		24
2 组	LD	Jobin David	A	6
	RD	Stephan Fabian		15
	LW	Sutter Fabian		10
	CE	Duca Paolo	C	19
	RW	Lakhmatov Vitali		28
3 组	LD	Aeberli Patrick		17
	RD	Helbling Timo		3
	LW	Neff Claudio		14
	CE	Camenzind Andreas		21
	RW	Heberlein Marc	A	9
4 组	LD	Blindenbacher Severin		5
	RD	Forster Beat		11
	LW	Reuille Sebastien		22
	CE	Helfenstein Sven		27
	RW	Monnet Thibaut		7

队伍官员	主教练	Kolliker Jakob	
	助理教练	Lauten Schlagerbeat	
	领队	Mazzetti Roberto	
	器材师	Rutishauser Jorg	
	物理治疗师	Ritter Thomas	
	医生	Gahler Ernst	

比赛开始前 60 分钟，官方记录员或助理记录员通过这张表格中的经理或教练员，获得初步《队伍组成表》，然后把它交给统计人员填写官方《比赛记录表》，同时把《队伍组成表》分发给媒体和场内外裁判。

比赛开始前 15~20 分钟，队伍经理或教练员确认在官方《比赛记录表》上的最终队伍组成名单。

队伍经理或教练员签字

附录 2——国际冰联官方比赛记录表

可填写表格

国际冰球联合会

IIHF

比赛		地点		日期		比赛时间:		观众:		比赛场次:	

主队 (A) (赛服颜色)	(白)					得分																		判罚					
号码	姓名 (+BP + C/A)	Pos.	L	SoG	#	时间	G	A1	A2	GS	P1	P2	P3	P4	P5	P6	N1	N2	N3	N4	N5	N6	时间	号码	罚时	犯规种类	开始	结束	

队伍经理: 主教练: 助理教练:

客队(B) (赛服颜色)	(白)					得分																		判罚					
号码	姓名 (+BP + C/A)	Pos.	L	SoG	#	时间	G	A1	A2	GS	P1	P2	P3	P4	P5	P6	N1	N2	N3	N4	N5	N6	时间	号码	罚时	犯规种类	开始	结束	

队伍经理: 主教练: 助理教练:

比赛统计: 守门员救挡统计

局	G A:B	SOG A:B	PIM A:B	PPGF A:B	SHGF A:B	GKA1	GKA2	EGA	GKB1	GKB2	EGB
1											
2											
3											
OVT											
PSS											
合计:											

守门员记录

GKA	MIP	GA	GKB	MIP	GA
比赛开始时间:			比赛结束时间:		
A队暂停:			B队暂停:		
比赛监督:					

守门员替换

时间	GKA	GKB

裁判员:		裁判员:		边线裁判员:		记录员:	
签名:		签名:		边线裁判员:		计时员:	
				比赛监督:			

缩写说明:

比赛	比赛简称 (举例. WS, W18I, WWI or W20III...)
地点	比赛举办城市或冰场名字
日期	比赛举办地时间
时间	比赛日程里比赛开始时间
观众	观众人数
比赛场次.	比赛日程里的场次
主队 (A) (比赛服颜色)	主队比赛服颜色缩写 (在括号里) [举例. 瑞士 (红), 美国 (蓝)...]
客队 (B) (比赛服颜色)	客队比赛服颜色缩写 (在括号里) [举例. 瑞士 (红), 美国 (蓝)...]
号码	队员比赛服号码
姓名 (+BP +C/A)	队员的名字, 依次输入逗号, 然后是姓(例);
Pos	增加 BP = 本场最佳运动员, C = 队长　A = 代理队长位置 (GK = 守门员, EG = 备用的守门员, D = 后卫, F =前锋)
L	阵容号码 (1 = 首发阵容, 2 = 二组阵容, 3 = 三组阵容, 4 = 四组阵容)
SOG	有效射门(被守门员救出的射门加得分) 总数
#	得分数 (-- 适用于没得分的任意球)
时间	得分时间
G	得分队员的比赛服号码
A1	判定协助得分队员的比赛服号码
A2	判定协助得分队员的比赛服号码
GS	比赛情况 (EQ = 人数相等, +1 = 多打少 5:4, +2 = 多打少 5:3, -1 = 少打多 4:5,-2 = 少打多 3:5, PS = 任意球, EN = 空门)
P1 P2 P3 P4 P5 P6	得分时在场的(得分队)所有队员)
N1 N2 N3 N4 N5 N6	失分时在场的(失分队)所有队员))
时间	裁判员判罚时的时间
号码	受罚队员比赛服号码
罚时	判罚分钟数简写 (2, 5, 10, 20 或 0 (只针对任意球)
犯规种类	处罚 (说明见下一栏)
开始	处罚开始时间
结束	处罚结束时间
队伍经理	队伍经理姓名
主教练	主教练姓名
助理教练	助理教练姓名
局	局 1, 2, 3, OVT = 加时赛, PSS = 射门比赛
合计	列内记录的总和
G A:B	按队的得分数(A队:B队)(按局)
SOG A:B	A队 : B队有效射门加得分数 (按局)
PIM A:B	A队 : B队处罚时间数 (按局)
PPGF A:B	A队 : B队多打少得分总数 (按局)
SHGF A:B	A队 : B队少打多得分总数 (按局)
GKA1	A队第一守门员救球总数 (根据局)
GKA2	A队第二守门员救球总数 (根据局)
GKA3	A队第三守门员救球总数 (根据局)
GKB1	B队第一守门员救球总数 (根据局)
GKB2	B队第二守门员救球总数 (根据局)
GKB3	B队第三守门员救球总数 (根据局)
GKA	A队守门员比赛服号码
GKB	B队守门员比赛服号码
MIP	每个守门员比赛时间（分钟数）
GA	每个守门员的失分数
比赛开始时间	实际比赛开始时间
比赛结束时间	实际比赛结束时间
A队暂停:	A主队使用一个30秒暂停时的比赛时间
B队暂停:	B主队使用一个30秒暂停时的比赛时间
时间	守门员进入或离开比赛的时间
GKA	A队守门员进入或离开的比赛服号码
GKB	B队守门员进入或离开的比赛服号码
裁判员	本场比赛主裁判员的名字
边线裁判员	本场比赛边线裁判员的名字
记录员	本场比赛记录员的名字
计时员	本场比赛计时员的名字
比赛监督:	比赛监督名字
A	A队队员比赛服号码 (根据开始射门比赛时的任意球)
B	B队队员比赛服号码 (根据开始射门比赛时的任意球)
GKA	本次任意球的A队守门员
GKB	本次任意球的B队守门员
GF:GA	制胜球之后本场比赛的每队得分数
End	比赛的结束时间

判罚缩写的解释:

ABUSE	侮辱裁判员
BENCH	队小罚
BITE	咬人
BOARD	向界墙猛烈冲撞
BR-ST	损坏的球杆
BUT-E	杆柄杵人
CHARG	加速冲撞
CHE-B	背后冲撞
CHE-H	冲撞头部或颈部
CLIPP	扑倒绊人
CLOS	手握球
CROSS	横杆推阻
DANG	危险装备
DELAY	延误比赛
ELBOW	肘顶人
EMBEL	假摔或假装
ENG-S	与观众冲突
FIGHT	打架
GK-INT	干扰守门员
GK-PEN	守门员犯规
H-BUT	用头部冲撞
HELM	未带头盔比赛
HI-ST	高杆
HO-ST	握对方球杆
HOLD	抱人
HOOK	钩人
ILL-H	非法撞人（女子）
ILL-ST	非法球杆-球杆测量
INCAC	错误地出入受罚席
INJUR	受伤球员拒绝离开冰面
INTRF	干扰
KICK	踢人
KNEE	膝顶人
L-BCH	过早离开受罚席
LA-HI	延迟撞人
OTHER	其他
PULL	拉扯头发、头盔、面罩
REFUSE	拒绝开始比赛-队伍在场上/不在场上
ROUGH	粗暴
SLASH	用杆击打
SLEW	踢脚绊人
SPEAR	杆刃刺人
SPIT	吐痰
T-BCH	队伍官员进入比赛区域
TAUNT	嘲讽
TEE	冰橇撞人
THR-ST	投扔球杆或物件
TOO-M	场上多人
TRIP	绊人
UN-SP	违反体育道德

守门员替换

时间	GKA	GKB

射门比赛:

A	B	GKA	GKB	GF:GA	A	B	GKA	GKB	GF:GA	A	B	GKA	GKB	GF:GA	A	B	GKA	GKB	GF:GA	A	B	GKA	GKB	GF:GA

说明:

附录 3——比赛记录表填写建议程序

1. 比赛开始前 90 分钟，记录员或助理记录员开始填写比赛记录表，先填写客队表格，再填写主队表格。

2. 要求队伍教练员或队伍经理提供参赛队员的姓名和号码。

3. 比赛开始前 60 分钟，教练员或球队经理应填好《比赛记录表》，并在表上签好字。记录员或助理记录员应从队伍取回《比赛记录表》（注：使用数据统计系统的情况下，应调整程序以适应地方的系统和文件）。

4. 比赛开始前 20 分钟或赛前热身刚结束时，记录员或助理记录员将通过两队教练员或经理获得队长（C）和代理队长（A）信息，教练员或经理签字。该过程应从客队开始。

5. 比赛开始前 10 分钟，记录员将向裁判员、双方队伍提供填好的比赛记录表复印件，并提供给统计和信息 / 媒体中心。

6. 比赛中，记录员在比赛记录表上记录进球、协助、判罚和参赛的守门员。加时赛将从“60:00”开始记录。

7. 记录员也填写进球得分时双方在场队员（包括守门员）的队服号码。

8. 只有在射门比赛中射中得分的队员和射门比赛时防守的守门员将被记录在比赛记录表得分一栏。

9. 记录员也记录比赛中任何守门员更换、守门员上场时间、空门进球以及比赛中的有效射门。射门比赛中决定性的进球也将记录在比赛记录表上。

10. 比赛结束时，记录员在比赛记录表上标注由官方选择的每队最佳队员（如果评选最佳球员），在该队员的名字旁边标注字母“BP”。

11. 比赛结束后，记录员在比赛记录表上签字，并且请裁判员在表上签字，以及收集裁判员或裁判监督准备好并上报的比赛报告。

12. 记录员应不予考虑任何关于更改进球和协助的请求，除非是在比赛结束前由队长向裁判员提出的，并经裁判员同意的。

13. 裁判员在比赛记录表签字，然后记录员把《比赛记录表》的复印件送给两支队伍。

14. 如果统计组和记录员之间没有设置特别的程序，那么记录员负责保存所有原始比赛记录表；在比赛结束后交给组委会，组委会负责把这些表格上报给专门权力机构。

15. 当比赛结果由射门比赛决定时，只有决定性的进球算作进球数，计入《比赛记录表》，并记录得分队员号码和失分的守门员号码。射门比赛程序应在决定性的进球得分之后立即结束。决定性进球情况示例：

a)	1:0	2:0	不再射门	第一个进球
b)	2:1	3:1	不再射门	第二个进球

16. 所有国际俱乐部比赛的官方比赛记录表复印件，必须由赛事组织者分发给各国家协会。

17. 在国际比赛中，如果出现因侮辱裁判员而被判停赛、严重违例的处罚，组织者必须把比赛报告连同比赛记录表一起送达受罚运动员所在的国家协会。如果国际比赛的裁判员受到身体上或语言上的侮辱，并且他们的安全受到威胁时，必须把《比赛记录表》和裁判员报告一起寄到国际冰联以及该运动员所在的国家协会，以便用于可能会进行的纪律处罚。

附录 4——官方比赛记录表填写示例

序号	情况	时间	号码	分钟	犯规	开始	结束	备注
1	小罚，没得分	25:00	15	2	TRIP	25:00	27:00	
2	小罚，没得分	59:00	15	2	CHARG	59:00	60:00	
3	小罚，得分	25:00	15	2	DELAY	25:00	25:30	
4	同等小罚，进球得分或没有得分	25:00	15	2	CHARG	25:00	27:00	
5	双重小罚，没得分	25:00	15	2	ROUGH	25:00	27:00	
				2	ROUGH	27:00	29:00	
6	双重小罚，在 26:00 得分	25:00	15	2	ROUGH	25:00	26:00	
				2	ROUGH	26:00	28:00	
7	双重小罚，两种不同的犯规，在 28:00 得分	25:00	15	2	HOOK	25:00	27:00	
				2	TRIP	27:00	28:00	
8	队小罚，没得分	25:00	T	2	TOO–M	25:00	27:00	
9	违例	25:00	15	10	ABUSE	25:00	35:00	
10	小罚加违例，没得分	25:00	15	2	CHE–B	25:00	27:00	另外一名队员执行 2 分钟
			15	10	MISC	27:00	37:00	
11	大罚加自动严重违例	25:00	15	5	CROSS	25:00	30:00	另外一名队员执行 5 分钟
			15	20	GM	25:00	60:00	
12	同一场比赛中同一名队员第二次违例	25:00	15	20	GM	45:00	60:00	
13	双重小罚加违例，没得分	25:00	15	2	SPEAR	25:00	27:00	另外一名队员执行 4 分钟
				2	SPEAR	27:00	29:00	
			15	10	MISC	29:00	39:00	
14	杆刃刺人，受伤判停赛	25:00	15	25	SPEAR	25:00	60:00	另外一名队员执行 5 分钟
15	踢人判停赛	25:00	15	25	KICK	25:00	60:00	另外一名队员执行 5 分钟
16	大罚犯规（任意球）	25:00	15	PS	HOOK	–	–	
			15	5	HOOK	25:00	30:00	另外一名队员执行 5 分钟
			15	20	GM	25:00	60:00	
17	场上多人（任意球）	58:30	T	PS	TOO–M	–	–	

（续表）

序号	情况		时间	号码	分钟	犯规	开始	结束	备注
18	守门员的犯规								
	a) 小罚，没得分		25:00	1	2	DELAY	25:00	27:00	另外一名队员执行 2 分钟
	b) 大罚加严重违例		25:00	1	5	SLASH	25:00	30:00	另外一名队员
				1	20	GM	25:00	60:00	执行 5 分钟
	c) 违例		25:00	1	10	ABUSE	25:00	35:00	另外一名队员执行 10 分钟
	d) 严重违例		25:00	1	20	ABUSE	25:00	60:00	
	e) 停赛		25:00	1	25	HI-ST	25:00	60:00	另外一名队员执行 5 分钟
19	一场结束后的判罚	a)	20:00	15	2	SLASH	20:00	22:00	
		b)	20:00	15	10	ABUSE	20:00	30:00	
		c)	40:00	15	25	FISTI	40:00	60:00	另外一名队员执行 5 分钟
20	一局结束后的判罚	a)	60:00	15	25	FISTI	60:00	60:00	
		b)	60:00	15	4	ROUGH	60:00	60:00	
21	暂停		58:30			TA		t-out	
22	加时赛： 10 分钟		60:00			p-off		Ovt10	
	20 分钟		60:00			p-off		Ovt20	
23	制胜球 射门比赛								
	10 分钟加时赛后		70:00			15		PSS	
	20 分钟加时赛后		80:00			15		PSS	

备注：

1. 代替守门员、另一名队员、受伤队员或队伍执行判罚的队员，不出现在判罚记录中。

2. 判队小罚时，显示为“T”，标注在对应的受判罚球员服号码一栏。“BENCH”本身不是一种犯规类型（见实例第 8 条以上）。

3. 违例（10 分钟）与另一个判罚一起发生时，将作为一个单独的处罚来记录（见上述实例第 10 条）。

4. 严重违例（20 分钟）与另一个判罚一起发生时，将作为一个单独的处罚来记录（见上述实例第 11 条）。

5. 只判罚违例（10 分钟）、严重违例（20 分钟）或停赛（25 分钟）时，犯规行为应列在“犯规”一栏，“10”“20”或“25”列在“分钟”一栏（见上述实例第 16 条）。因为只有那个时候，将只显示违例、严重违例或停赛（见上述实例第 9、14、18e 条）。

6. 判罚被决定为罚任意球时，在“犯规”那一列写上犯规种类，在“分钟”那一列写上“PS”（见实例第 17 条）。

填写“射门比赛和守门员记录”的示例

射门比赛

A	B	守门员 A	守门员 B	A	B
*12	18	1	1	0	0
14	20	1	2	0	1
16	10	1	2	1	2
18	15	20	2	1	3

* 开始射门

守门员记录

时间	守门员 A	守门员 A	守门员 B	守门员 B
00:00	1		2	
40:00		20		
		59:40		
MIP	40:00	19:40	60:00	00:00

附录 5——国际冰联官方比赛记录表填写示例

OFFICIAL GAME SHEET Fillable Form INTERNATIONAL ICE HOCKEY FEDERATION IIHF

Event	IIHF World Championship	Venue	ORANGE ARENA	Date	15 MAY 2011	Start:	20:30	Spectators:	9,166	Game No.:	56

Home Team (A) (jersey colour): SWE (yellow)

No.	Family and Given Name (+BP + C/A)	Pos.	L	SoG
3	EKMAN LARSSON Oliver	D	4	1
5	FERNHOLM Daniel	D	3	0
7	RUNDBLAD David	D	2	2
9	TEDENBY Mattias	F	3	2
10	THORNBERG Martin	F	1	3
11	GUNNARSSON Carl	D	1	2
15	SJOGREN Mattias	F	4	0
18	BERGLUND Patrik +A	F	1	2
21	ERIKSSON Loui	F	2	2
22	PETRASEK David +A	D	1	2
23	PERSSON Niklas	F	2	3
24	KRONWALL Staffan	D	2	1
27	NILSSON Robert	F	2	1
30	FASTH Viktor	GK		
32	KRUGER Marcus	F	3	0
33	SILFVERBERG Jakob	F	3	3
40	ERSBERG Erik	GK		
42	ERICSSON Jimmie	F	4	1
44	ERIXON Tim	D	3	2
51	WALLIN Rickard +C	F	4	0
60	BACKLUND Mikael	F	4	0
91	PAAJARVI Magnus +BP	F	1	6

Goals

#	Time	G	A1	A2	GS	P1	P2	P3	P4	P5	P6	N1	N2	N3	N4	N5	N6
1	27:40	91			EQ	30	7	10	18	24	91	31	5	6	24	29	40

Penalties

Time	No.	Min	Offence	Start	End
17:52	3	2	INTRF	17:52	19:52
24:41	32	2	SLASH	24:41	26:41
39:30	22	2	HOOK	39:30	39:53
46:06	44	2	HOLD	46:06	48:06

Team Manager: GARPENLOV Johan Head Coach: MARTS Par A. Coach: PETTERSSON Par

Visiting Team (B) (jersey colour): FIN (blue)

No.	Family and Given Name (+BP + C/A)	Pos.	L	SoG
4	VAANANEN Ossi	D	3	0
5	KUKKONEN Lasse +A	D	4	0
6	JAAKOLA Topi	D	4	0
9	KOIVU Mikko +C BP	F	1	2
15	RUUTU Tuomo +A	F	1	3
18	LEPISTO Sami	D	1	0
19	VALIVAARA Jyrki	D	2	2
20	PESONEN Janne	F	3	6
21	NISKALA Janne	D	2	3
24	LAJUNEN Jani	F	4	1
26	IMMONEN Jarkko	F	3	2
28	SALMELA Anssi	D	1	0
29	NOKELAINEN Petteri	F	4	1
31	VEHANEN Petri	GK		
35	LASSILA Teemu	GK		
37	PYORALA Mika	F	1	3
39	KAPANEN Niko	F	2	1
40	PIHLSTROM Antti	F	4	1
41	PUISTOLA Pasi	D	3	1
50	AALTONEN Juhamatti	F	2	1
64	GRANLUND Mikael	F	3	3
71	KOMAROV Leo	F	2	2

Goals

#	Time	G	A1	A2	GS	P1	P2	P3	P4	P5	P6	N1	N2	N3	N4	N5	N6
1	39:53	26	20	9	PP1	31	9	15	20	21	26	30	5	24	42	51	
2	42:35	29	40		EQ	31	5	6	24	29	40	30	11	15	22	51	60
3	43:21	39	50	71	EQ	31	19	21	39	50	71	30	5	21	23	27	44
4	56:41	20	64		EQ	31	18	20	26	28	64	30	3	9	21	22	23
5	57:16	37	9	28	EQ	31	4	9	15	28	37	30	7	15	24	42	51
6	59:05	40	24		EQ	31	18	24	28	29	40	30	11	15	42	44	51

Penalties

Time	No.	Min	Offence	Start	End
29:15	39	2	HOOK	29:15	31:15
34:25	29	2	BOARD	34:25	36:25

Team Manager: KURRI Jari Head Coach: JALONEN Jukka A. Coach: NURMINEN Pasi

Game Summary / Saves

Period	G A:B	SOG A:B	PIM A:B	PPGF A:B	SHGF A:B	GKA1	GKA2	EGA	GKB1	GKB2	EGB
1	0:0	12:13	2:0	0:0	0:0	13	0		12	0	
2	1:1	11:9	4:4	0:1	0:0	8	0		10	0	
3	0:5	10:10	2:0	0:0	0:0	5	0		10	0	
OVT											
GWS											
TOTAL	1:6	33:32	8:4	0:1	0:0	26	0		32	0	

Goalkeepers Records

GKA	MIP	GA	GKB	MIP	GA
30	60:00	6	31	60:00	1

Start of game: 20:30 End of game: 22:47
Timeout A: 50:14 Timeout B:
Game Supervisor: Birdy

Goalkeepers Changes

Time	GKA	GKB
00:00	30	31
60:00		

Referee:	BURCHELL D	Referee:	REIBER B	Goal Judge:	Caroski	Video Goal Judge:	Halas
Sign. Referee:		Sign. Referee:		Goal Judge:	Navratek	Timekeeper:	Sinkovic
Linesman:	CARLSON C	Linesman:	MURCHISON K	Scorekeeper:	Jankova	Sign. Scorekeeper:	

Notes: No Yes see reverse side

附录 6——犯规缩写

规则条款	规则犯规	缩写
116	侮辱裁判员	ABUSE
117	队小罚	BENCH
118	咬人	BITE
119	向界墙猛烈冲撞	BOARD
120	损坏的球杆	BR-ST
121	杆柄杵人	BUT-E
122	加速冲撞	CHARG
123	背后冲撞	CHE-B
124	冲撞头部或颈部	CHE-H
125	扑倒绊人	CLIPP
126	手握球	CLOS
127	横杆推阻	CROSS
128	危险装备	DANG
129-137	延误比赛	DELAY
138	假摔或假装	EMBEL
139	肘顶人	ELBOW
140	与观众冲突	ENG-S
141	打架	FIGHT
142	头部冲撞	H-BUT
143	高杆	HI-ST
144	抱人	HOLD
145	握对方球杆	HO-ST
146	钩人	HOOK
147	非法球杆－球杆测量	ILL-ST
148	受伤球员拒绝离开冰面	INJUR
149	干扰	INTRF
150	干扰守门员	GK-INT
151	踢人	KICK
152	膝顶人	KNEE
153	延迟撞人	LA-HI
154	错误地出入受罚席	INCAC
154	过早离开受罚席	L-BCH
155	未戴头盔比赛	HELM
156	拉扯头发、头盔、面罩	PULL
157	拒绝开始比赛	REFUSE
158	粗暴	ROUGH
159	用杆击打	SLASH
160	踢脚绊人	SLEW
161	杆刃刺人	SPEAR
162	吐痰	SPIT
163	嘲讽	TAUNT
164	队伍官员进入冰面	T-BCH
165	投扔球杆或物件	THR-ST
166	场上多人	TOO-M
167	绊人	TRIP
168	违反体育道德	UN-SP
169	非法撞人（女子）	ILL-H

附录 7——国际冰联计时和记分系统指南

将《国际冰联计时和记分系统指南》推荐给国际赛事组织者，是为了在冰球比赛中把那些对球队、裁判员、观众需要的和有用的信息显示出来。

如果冰场里现有的记分牌系统不能提供比赛的全部信息，建议再安装一块电子信息牌，以便把另外的数据显示上去。建议在场地的一块电子信息牌系统上显示出下列信息：

1. 记分屏左侧为主队队名，右侧为客队队名。
2. 局数显示 1–2–3，加时赛显示“OT”，射门比赛显示“PSS”。
3. 每队比赛结果为两位数字，左侧为主队，右侧为客队。
4. 记分屏上可显示进球得分队员和最多两名协助队员的队服号码，主队队员在左侧，客队队员在右侧，在信息屏上显示队员姓名。
5. 比赛时间以分和秒显示，倒计时从“20:00”至“00:00”。
6. 每局最后 1 分钟以整秒和十分之一秒显示倒计时。
7. 加时赛以分和秒显示，从加时赛的时间长度开始倒计时至“00:00”。
8. 记分牌上显示受罚队员号码，以分和秒显示受罚时间，主队队员在左侧，客队队员在右侧。
9. 受罚时间从总时长倒计时至“00:00”。每队有 3 个位置显示 2 分钟或 5 分钟的判罚。
10. 暂停从 30 秒倒计时至“00:00”，在大屏上显示实际比赛时间的位置来显示暂停时间。一旦 30 秒倒计时结束就自动再现比赛时间。
11. 射门比赛过程按每次射门显示在比赛结果的位置。最后一次射门之后，比赛结果和决定性的进球显示在这个位置上。
12. 第一局和第二局之后的 15 分钟局间休息，以及第三局结束之后的局间休息（如果继续进行 20 分钟加时赛），都要在每局结束后自动开始倒计时。

13. 进行5分钟或10分钟加时赛的情况下，3分钟局间休息在第三局结束后自动开始倒计时。

14. 正式比赛之前，计时系统在计分屏上显示比赛倒计时：

——60 分钟　汽笛响起，队伍代表向记录员提供填写好的队伍信息表。
——43 分钟　队伍更衣室响起一声汽笛。
——42 分钟　队伍更衣室响起两声汽笛。
——40 分钟　两队进入场内热身。
——20 分钟　两队离开冰面。队伍代表向记录员提供队长等信息。
——6 分钟　信息屏上显示完整队员名单。
——3 分钟　裁判更衣室响起汽笛，场内裁判进入场内。
——3 分钟　队伍更衣室响起一声汽笛。
——2 分钟　队伍更衣室响起两声汽笛，两队进入场内。
——15 秒　裁判员召唤两队去中心争球点。
——00:00　比赛开始。

15. 第2局、第3局和20分钟加时赛之前，计时和计分系统显示局间休息倒计时：

——15 分钟　一局结束时，自动显示在记录牌上。
——3 分钟　裁判更衣室响起汽笛，场内裁判进入场内。
——3 分钟　队伍更衣室响起一声汽笛。
——2 分钟　队伍更衣室响起两声汽笛，两队进入场内。
——15 秒　裁判员召唤两队去中心争球点。
——00:00　比赛开始。

16. 5分钟或10分钟加时赛之前，计时和计分系统显示局间休息倒计时：

——3 分钟　第3局结束时，自动显示在计时大屏上。
——15 秒　裁判员召唤两队去中心争球点。
——00:00　加时赛开始。

17. 使用红灯和绿灯应按以下同步：比赛停止并且绿灯亮起，监门员无法点亮红灯。在射门比赛阶段，即使计时钟不走表，监门员也可以点亮红灯。

18. 应该确保计时系统备用电力供给，一旦商业供电中断，保证计时系统的功能不受影响。

备注：

调整后的倒计时程序可能用于开幕式和闭幕式，例如国际冰联世界冰球锦标赛中对两队进行介绍。仅在与国际冰联协调后适用。

附录 8——加时赛操作

加时赛—— 循环赛或预赛操作

如果在单循环锦标赛或锦标赛顶级预赛的三个常规 20 分钟的局结束时，两支参赛队打成平局，那么两队将进行不超过 5 分钟的“突然胜利法”加时赛，先得分的队伍获胜。加时赛每队队员人数为 3 名球员和 1 名守门员。

加时赛将在 3 分钟的局间休息之后开始，在这段时间内，场地工作人员使用与电视暂停时一样的程序清刮冰面。一旦局间休息结束，计时钟将被重新设置为“5:00”，并且加时赛将立即开始。队伍不交换场地。

3 分钟局间休息清刮冰面时，队员将留在他们各自的队员席中。

这个休息期间，守门员必须去他们各自的队员席，但是受罚队员必须留在受罚席。如果受罚队员离开受罚席，他将立即被场内裁判员送回受罚席，不进行额外判罚，除非他违反了其他规则。这期间，不允许队伍回到更衣室。

判罚

常规比赛时间结束时两队 5 打 3，两队以 5 打 3 开始加时赛。一旦人员实力达到 5 打 4 或 5 打 5，在下一次比赛停止时，视情况将人员实力调整为 4 打 3 或 3 打 3。

常规比赛时间结束时两队 4 打 4，两队以 3 打 3 开始加时赛。一旦人员实力达到 4 打 4，在下一次比赛停止时，视情况将人员实力调整为 3 打 3。

如果常规比赛时间结束时两队 3 打 3，加时赛以 3 打 3 开始。一旦人员实力达到 4 打 4 或 5 打 4 或 5 打 5，在下一次比赛停止时，视情况将人员实力调整为 3 打 3 或 4 打 3。

任何时候一队场内不会少于 3 名球员，这样在进行判罚的情况下，可能需要增加第 4 名和 / 或第 5 名球员。

如果一队在加时赛被判罚，两队 4 打 3。如果同一次比赛停止时两队都被判罚（没有其他在生效的判罚），两队将继续 3 打 3。

加时赛中，如果一队被判罚后场内形成多 2 人的优势，那么犯规队将维持 3 名球员，同时允许非犯规队上场 5 名球员。

多 2 人优势不再有效之后的第一次比赛停止时，两队人员实力将视情况回到 4 打 3 或 3 打 3。

加时赛——晋级赛或铜牌争夺赛操作

如果在晋级赛、保级赛、分级赛或铜牌争夺赛的常规 3 局每局 20 分钟结束时，参赛两队是平局，那么两队将进行不超过 10 分钟的“突然胜利法”加时赛，先得分的队伍获胜。加时赛每队队员人数为 3 名球员和 1 名守门员。

加时赛将在 3 分钟的局间休息之后开始，在这段时间内，场地工作人员使用与电视暂停时一样的程序清刮冰面。一旦局间休息结束，计时钟将被重新设置为“10:00”，加时赛立即开始。队伍不交换场地。

3 分钟局间休息清刮冰面时，队员将留在他们各自的队员席。

这个休息期间，守门员必须去他们各自的队员席，但是受罚队员必须留在受罚席。

如果受罚队员离开受罚席，他将立即被场内裁判员送回受罚席，不进行额外判罚，除非他违反了其他规则。这期间，不允许队伍回到更衣室。

判罚

常规比赛时间结束时两队 5 打 3，加时赛以 5 打 3 开始。一旦人员实力达到 5 打 4 或 5 打 5，在下一次比赛停止时，视情况将人员实力调整为 4 打 3 或 3 打 3。

常规比赛时间结束时两队 4 打 4，加时赛以 3 打 3 开始。一旦人员实力达到 4 打 4，在下一次比赛停止时，视情况将人员实力调整为 3 打 3。

常规比赛时间结束时两队 3 打 3，加时赛以 3 打 3 开始。一旦人员实力达到 4 打 4 或 5 打 4 或 5 打 5，在下一次比赛停止时，视情况将人员实力调整为 4 打 3 或 3 打 3。

任何时候一队场内不会少于 3 名球员。 如果产生判罚，场上可增加第四名和 / 或第五名球员。

如果一队在加时赛被判罚，两队 4 打 3。如果同一次比赛停止时两队都被判罚（没有其他在生效的判罚），两队将继续 3 打 3。

加时赛中，如果一队被判罚后场内形成多 2 人的优势，那么犯规队将维持 3 名球员，同时允许非犯规队上场 5 名球员。

多 2 人优势不再有效之后的第一次比赛停止时，两队人员实力将反回到 4 打 3 或 4 打 4。

加时赛——金牌争夺赛操作程序

如果在锦标赛顶级组金牌争夺赛的常规 3 局每局 20 分钟结束时，参赛两队是平局，那么两队将进行“突然胜利法”加时赛，先得分的队伍获胜。加时赛每队队员人数为 3 名球员和 1 名守门员。

15 分钟局间休息期间进行浇冰，然后开始加时赛，加时赛开始之前两队回到他们的更衣室。队伍不交换场地。

如果在第一次加时赛结束时，两队仍然平局，则在 15 分钟的中场休息（返回更衣室）之后，两队在浇冰后，进行第二次加时赛。队伍将交换场地。

如果在第二次加时赛结束时，两队仍然平局，则在 15 分钟的中场休息（返回更衣室）之后，两队在浇冰后，进行第三次加时赛。队伍将交换场地。

此过程将一直进行到决出获胜者为止。

判罚

常规比赛时间结束时两队 5 打 3，加时赛以 5 打 3 开始。一旦人员实力达到 5 打 4 或 5 打 5，在下一次比赛停止时，视情况将人员实力调整为 4 打 3 或 3 打 3。

常规比赛时间结束时两队 4 打 4，加时赛以 3 打 3 开始。一旦人员实力达到 4 打 4，在下一次比赛停止时，视情况将人员实力调整为 3 打 3。

常规比赛时间结束时两队 3 打 3，加时赛以 3 打 3 开始。一旦人员实力达到 4 打 4 或 5 打 4 或 5 打 5，在下一次比赛停止时，视情况将人员实力调整为 4 打 3 或 3 打 3。

任何时候一队场内不会少于 3 名球员。如果产生判罚，场上可增加第四名和 / 或第五名球员。

如果一队在加时赛被判罚，两队 4 打 3。如果同一次比赛停止时两队都被判罚（没有其他在生效的判罚），两队将继续 3 打 3。

加时赛中，如果一队被判罚后场内形成多 2 人的优势，那么犯规队将维持 3 名球员，同时允许非犯规队上场 5 名球员。

多两人优势不再有效之后的第一次比赛停止时，两队人员实力将回到 4 打 3 或 3 打 3。

附录 9——射门比赛程序

如果任何国际冰联锦标赛常规时间结束时得分为平局，两队将进行加时赛，先得分的队伍获胜，加时赛时长和队员人数上限已在《国际冰联运动条例》中明示。

如果加时赛期间没有进球得分，那么将适用国际冰联射门比赛程序。使用程序如下：

1. 将在冰面两端进行射门。在射门比赛之前，组织该程序所需的时间里，将在中区和端区争球点之间 14 米宽的冰场纵向中心区域，使用浇冰车进行干刮冰。

2. 射门比赛将以每队 5 名不同的射手开始交替射门。不必首先明确队员人选。4 名守门员和在两队官方比赛记录表中的所有队员有资格参加射门比赛，以下第 3 条中列明的除外。

3. 加时赛结束时没有结束受罚的任何队员没有资格被选中进行射门，并且必须留在受罚席或更衣室。在射门比赛期间被判罚的队员也必须留在受罚席或更衣室，直到射门比赛结束。

4. 裁判员召集两名队长到裁判区，并且掷硬币决定哪队先进行射门。掷硬币获胜一方将有权选择他的队伍是否先进行射门。

5. 守门员将防守与加时赛相同的球门，并且可以在对方队伍进行射门时留在自己的球门区内。

6. 每队的守门员可以在每次射门后进行替换。

7. 将按照《国际冰球联合会官方冰球规则》规则 63 进行射门。

8. 两队队员将交替射门，直到决定性的进球得分。将不进行剩余的射门。

9. 如果每队所有射门完成后结果仍然是平局，将继续这个程序，使用同样的或新队员开始进行打破平局的射门。在第一个五轮射门比赛中后射门的队伍，将首先开始打破平局的射门。 两名队员之间出现决定性的结果时，比赛立即结束。在打破平局的射门中，一队可以用同一名队员进行每次射门。

10. 官方记录员将记录所有执行的射门，标明相关的队员、守门员和进球得分。

11. 只将决定性的进球计入比赛结果。该进球记在进球得分的队伍和被进球的队伍名下。

12. 如果某队拒绝参加射门比赛，将宣布该队比赛失利，另一队获胜并且积 3 分。如果一名队员拒绝进行射门，将宣布他的队伍“没有得分”。

附录 10 —— 电视商业暂停

在国际冰联锦标赛每局常规时间中，有 3 次商业暂停，每次时长 70 秒。所有电视转播的锦标赛都依照该商业模式，对队伍和转播方保持一致性。

商业暂停协调政策

只有在两队人数相等（4 打 4 或 5 打 5 或 6 打 6）并且发生比赛停止时，可以允许商业暂停。决定人数相等的是吹哨时场内人员实力。因此，如果 A 队少一人并且 B 队受到一个判罚，不允许商业暂停。

唯一的例外是当一队因为一个 5 分钟大罚而缺少一人时，将由商业暂停协调员以正常方式实施商业暂停。但是，如果这个 5 分钟大罚期间同一个队被判一个 2 分钟小罚（形成 5 打 3 的情况），在小罚结束之前，场内不清理雪沫。

比赛计时钟倒计时出现以下时间之后的第一次比赛停止时，进行商业暂停：

第一次暂停	14:00
第二次暂停	10:00
第三次暂停	06:00

只有这些例外，在比赛停止时不进行商业暂停：

——进球得分。
——判罚任意球。
——判定死球，除非判定死球时发生一个或多个判罚而影响了任何一队的场上人数。
——场内发生打架。

如果因为判罚或进行比赛而没有在预计的时间档进行商业暂停的情况下，错过的商业暂停机会将在第一次商业暂停 60 秒后的第一次比赛停止时弥补。如果因为另一个事件错过了第二次商业暂停，该程序将继续循环，直到进行了所有的商业暂停。

程序

进行暂停的程序如下：

- 由组织者任命商业暂停协调员。
- 鸣哨时，商业暂停协调员在记录席立即打开红灯信号，示意将开始执行商业暂停。
- 商业暂停期间，记罚员打开两边受罚席门。
- 商业暂停协调员通知转播方商业暂停在进行中，并且立即启动计时装置。
- 一名边线裁判员把球放置在下一次执行争球的冰面争球点上，裁判员快速去往记录席。队员回到各自的队员席，另一名边线裁判员站在队员席之间。
- 暂停剩余20秒，商业暂停协调员提示裁判员吹哨，示意队员去往争球点。
- 暂停剩余5秒，商业暂停协调员提示后方边线裁判员吹哨准备掷球。
- 应在70秒时掷球。

唯一例外允许进行额外商业暂停的时间档为：

- 队员受伤。
- 比赛场地（防护玻璃、界墙、球门）破损或正在修复。
- 任何非常规的延误，需要额外时间解决。

进行任何额外的商业暂停必须依照以上描述的程序，该暂停的时间档将从这局剩余时间档中剔除。将不会借此为转播方创造额外的商业广告价值。但是，在这种情况下，将指示商业暂停协调员打开红灯，并且示意转播车正在进行选择性的商业暂停。

第1局和第2局最后30秒不进行商业暂停，第3局最后2分钟不进行商业暂停。加时赛不允许进行商业暂停。

队伍考虑的因素

队伍应知晓在这些商业暂停期间：

- 允许守门员去他们各自的队员席。
- 商业暂停剩余20秒时，一旦裁判员吹哨示意两队回到场内执行争球，允许队伍更换队员。
- 这时更换队员与比赛停止时正常更换队员遵守相同的规则。
- 商业暂停剩余20秒时，一旦裁判员吹哨示意两队回到场内执行争球，允许队伍申请他们的官方暂停。
- 裁判员将立即把暂停申请告知官方记录员，官方暂停将按照正常程序进行。

附录 11——视频监门系统操作程序

以下内容仅适用于国际冰联以下赛事：世界男子锦标赛、世界男子锦标赛甲级 A 组、世界女子锦标赛、世界男子 U20 锦标赛和世界男子 U18 锦标赛。

国际冰联允许对于有争议的进球使用视频回放，并且把它写在了《国际冰球联合会官方冰球规则》中。必须为视频监门员提供该系统可以获得的所有电视画面，供其使用。

在国际冰联赛事中，如果场馆中已经安装了可以操作的视频监门系统供组织者使用，只有在满足以下所有条件时才能使用该系统：

- 视频监门座位配备有符合国际冰联标准的设备和技术（见“2020 年国际冰联视频监门系统指南”），可在该赛事全部比赛中使用。
- 视频监门系统必须用于所有安排的比赛，费用由组织者承担。
- 每场比赛委派技术人员在现场进行操作，费用由组织者承担。
- 赛事委派第二名国际冰联裁判监督，在所有比赛中操作该系统。
- 国际冰联知晓该系统，并且在签署主办国合同时，系统的操作必须已被包含在合同内容之中。

如果上述条件中任何一条不能达到或不能用于所有的国际冰联锦标赛比赛，那么该系统不可以在赛事中使用。

程序

1. 当裁判员要求对争议进球视频回放时，裁判员将使用记录席的电话系统联系视频监门员。
2. 当视频监门员要求视频回放时，视频监门员将在事件发生后的第一次比赛停止时，使用电话系统联系官方记录席，以便通知裁判员比赛在进行回放。
3. 如果裁判员或视频监门员任意一人要求视频回放，宣告员将进行以下宣告：“正在进行比赛回放。”

4. 如果视频回放没有确定的结果，视频监门员将向裁判员报告，由裁判员进行最终裁定。

5. 在回放和后续裁定之后，将进行以下一种宣告：

“进球得分……”（时间）

“ 因为……没有进球得分。”（原因）

6. 队伍没有权利要求比赛视频回放。

7. 如果球进入球门并且比赛停止，裁判员或视频监门员在这次比赛停止期间可以要求回放。如果这次比赛停止期间没有回放，那么结果是最终的，并且之后不允许进行比赛回放。

8. 如果球进入球门并且比赛继续，那么在这之后的第一次比赛停止期间可以要求回放。如果这次比赛停止期间没有进行回放，那么之后不允许进行比赛回放。

9. 当裁判员或视频监门员表示将进行视频回放时，所有队员必须回到各自的队员席。

10. 即使第一次比赛停止是在一局结束或者一场比赛结束时，也可以要求进行视频回放。

情况 1

A 队一个明显的进球没有被场内裁判看到，并且比赛继续。这个情况发生后第一次比赛停止期间，视频监门员将回放比赛。如果视频回放确认为进球，判定进球得分，并且重新设置比赛计时钟（包括判罚时间，如果适用）到进球得分的时间。如果判定没进球，则比赛计时钟不做调整。

情况 2

A 队一个明显的进球没有被场内裁判看到，并且比赛继续，B 队在另一端进球导致比赛停止。在比赛停止期间，视频监门员将回放 A 队这个明显的进球。如果视频回放确认 A 队的明显进球得分，判定进球得分，并且重新设置比赛计时钟（包括判罚时间，如果适用）到 A 队进球得分的时间。取消 B 队的进球。

如果视频回放确认 A 队没有得分，B 队的进球将被回放，如果视频回放确认为进球，那么判定 B 队进球得分，并且不需要调整比赛计时钟。

情况 3

A 队一个明显的进球没有被场内裁判看到，并且比赛继续，A 队第二次进球使比赛停止。在比赛停止期间，视频监门员将回放 A 队这个明显的进球。如果视频回放确认 A 队的明显进球得分，判定进球得分，并且重新设置比赛计时钟（包括判罚时间，如果适用）到 A 队这个明显的进球得分的时间。

裁判员使用视频监门指南

1. 请注意以上任何情况中判断缓判的程序，与国际冰联规则中解释一致。

2. 使用球门内摄像机时，需要了解球可能打到摄像机并且快速弹出球门。

3. 比赛视频回放之后必须调整比赛计时钟的情况发生时，允许计时员有足够的时间在比赛计时钟上重新设置正确的时间。

4. 电视转播的比赛中进球后，请了解进球后间歇条例，允许转播方有时间重放进球。

5. 如果受罚队员离开受罚席，并且在视频监门回放之后必须重新设置计时钟，那么可能需要让队员回到受罚席执行剩余的受罚时间。

6. 如果有疑问的进球后的第一次比赛停止，恰是一局结束或比赛结束时，裁判员或视频监门员要求视频回放，必须在队伍离开冰面之前进行。

国际冰联锦标赛条例

2019 IIHF CHAMPIONSHIP REGULATIONS

世界锦标赛和世界锦标赛甲级组

前言

主办方必须意识到国际冰联锦标赛的价值，并按照国际标准组织锦标赛，使冰球运动和锦标赛获得最大的利益。

国际冰联制作并向所有成员国家协会分发《国际冰联锦标赛条例》（以下简称《条例》），指引主办锦标赛的机构组织和运行比赛。

为了服务于国际冰联世界冰球锦标赛主办方，以及未来可能的申办者，本《条例》已经经过修订并包括之前条例和指南中所有的必要信息。与国际冰联商业合作伙伴签署的2018—2023年合同也在新版条例中得到了体现，见脚注标识。

本《条例》的内容只适用于国际冰联世界冰球锦标赛及国际冰联世界冰球锦标赛甲级组，并代替了之前出版的全部锦标赛条例。其他针对青年组、女子组以及各级别的国际冰联锦标赛条例也有专门文本。

我们很高兴将这一文本提供给所有国际冰联成员国家协会，为他们在国际冰联的授权下申办和组织各类相关比赛提供必要的说明和指导。我们相信，本《条例》包含的说明和信息将为国际冰联成员国家协会、各国队伍和队员，提供国际冰联锦标赛必要的细节和方法说明，使其以公平和符合体育精神的方式开展比赛。

有关国际队员转会、运动技术事项、种子排名、比赛日程、医疗、健康和急救、兴奋剂检测、纪律案件、实际比赛规则、招标程序和国际冰联代表大会组织的内容，可在国际冰联相关的规则和章程文件中找到。如果本《条例》中对某些规章或问题未进行说明，请直接联系国际冰联办公室。

第21章中带下划线的标题表示的是对组织者主办国际冰联世界冰球锦标赛甲级组的特别规定

国际冰球联合会

2018年9月于苏黎世

相关定义

锦标赛 指每届国际冰联世界冰球锦标赛，并在适用时指每届国际冰联世界冰球锦标赛甲级 A 组和 B 组。

商业附属公司 是指经过商业合作伙伴或其任何子公司授予对商业权利进行商业开发的权利的任何实体。

商业合作伙伴 指经过国际冰联授予商业开发权的实体，特别是与锦标赛市场营销、广告开发权和转播权相关的实体。

商业权利 指一切与锦标赛商业开发有关的权利，如电视和转播权，以及市场营销、广告开发权和特许经销权。

装备供应商 指国际冰联指定的在锦标赛期间为每支国际冰联参赛队伍配备正版比赛服装的任何实体。

主办国合同 指国际冰联与主办国之间签订的关于组织锦标赛的合同。

主办方 指由国际冰联代表大会指定的主办和举办锦标赛的国际冰联成员国协会，包括任何实体，无论其是否以举办锦标赛作为自己主办比赛的唯一目的。

供应商 指经国际冰联授权，可在锦标赛期间在队员使用的冰球装备（如头盔、手套、球杆、冰鞋、护具）上展示其标识（标志）的任何实体。

1　概述

1.1　《国际冰联锦标赛条例》

《国际冰联锦标赛条例》指所有在国际冰联的规则、章程、细则、锦标赛条例、运动条例及医疗条例中列明的与组织国际冰联锦标赛相关的指导原则与规定。

1.2　应用

本《国际冰联锦标赛条例》适用于国际冰联世界冰球锦标赛（成人男子），原则上也适用于国际冰联世界冰球锦标赛甲级组（对于 U21 组别将有其他规定）。

1.3　国际冰联锦标赛的所有权

国际冰联细则第 201 条阐明，国际冰联全球独家拥有所有国际冰联锦标赛（以下简称“锦标赛”）和赛事的所有权。

国际冰联已授权其商业合作伙伴独家开发锦标赛商业价值，其商业运作模式须合理、合法，符合本条例规定。

1.4　主办权

1.4.1　概述

根据惯例，国际冰联委托其成员国家冰球协会（简称“主办方”）举办国际冰联锦标赛或其他赛事。

1.4.2　主办权

主办方获得的锦标赛主办权不可转让给第三方。根据国际冰联的章程、细则和条例，若主办方无能力主办比赛，须将锦标赛主办权交还国际冰联（如果得到国际冰联批准），或者由国际冰联收回主办权。

主办方有主办权和相关事务筹办责任，需对赛事主办和组织长期全面负责，并根据国际冰联要求提供中期进展报告和财务报告。

1.4.3　主办分包商

如果主办方有意将部分主办权利和义务分包给第三方，分包协议和第三方的选定均须经国际冰联理事会批准。如果主办方的部分权利和义务分包给第三方，主办方仍对国际冰联及其合作伙伴负有组织锦标赛的全部责任。主办方应确保第三方根据国际冰联的章程、细则和条例履行所有义务。

1.5 主办方义务

主办方应代表国际冰联组织锦标赛。

主办方必须根据国际冰联的章程、细则、条例和指南（不定期由国际冰联发布以及修订）对锦标赛的组织工作负全部责任，无一例外，并且履行主办国合同，以及任何与国际冰联单独签订的协议中规定的全部组织责任。主办方应认可并接受所有这些章程、细则、条例和指南的约束。

主办方为满足这些要求而订立的任何协定，应仅以主办方的名义订立。任何情况下，国际冰联不会通过主办方与第三方分包商达成协议成为合作伙伴。

对于有意申请组织国际冰联锦标赛的成员国家协会，建议在申请主办锦标赛之前，向国际冰联说明任何可能会不符合国际冰联关于锦标赛规定的情况。

1.6 主办方与国际冰联合作伙伴

锦标赛的全球独家商业权与转播权，已由国际冰联无限制地授予其商业合作伙伴，组委会不应对任何相关的商业权利（除票务和食宿以外）进行开发。

根据国际冰联与其商业合作伙伴达成的协议、锦标赛条例、主办国合同及其全部附件，和国际冰联不定期发布修正的指南（例如但不限于转播指南、市场营销 / 赞助指南、特许商品指南、比赛在线统计要求），主办方应当履行与国际冰联协议中的全部义务。

主办方应采取一切必要措施避免在主办国境内进行埋伏营销，并尽最大努力防止商业附属公司的竞争对手进行埋伏营销。此外，主办方应确保场馆、冰场所有者及任何其他实体不会授予或支持授予其他方任何权利，以避免其行为直接或间接与被授权的商业伙伴和商业附属公司形成利益冲突或侵犯其利益。

主办方不得对任何商业权利进行开发，也不得以任何方式干涉国际冰联和国际冰联伙伴（如商业合作伙伴与商业附属公司）的权利。

2 组织规定

2.1 项目计划

在签署国际冰联主办国合同时受到批准的项目计划（简称“项目计划”），应不断更新并传达给国际冰联，并作为国际冰联和主办方之间合作的基础。项目计划应包括：

- 组织架构图，包含所有人员及其岗位。
- 时间表，包含所有重要活动、关键决策和里程碑，这些将根据锦标赛条例和其他筹备锦标赛的关键日期决定，如《国际冰联招标条例》所示。

2.2 执行委员会

2.2.1 执委会成员

为了组织锦标赛，应设立执行委员会（简称“执委会”），除国际冰联另有说明外，执委会应由以下人员组成：

主席：主办方国家协会主席。
成员：最多 2 名国际冰联代表。
组委会主席，若主办方国家协会担任该主席职位，则无需另安排。
最多 2 名商业合作伙伴代表（媒体代表、营销事务代表各 1 名）。

执委会主席承担组织锦标赛有关事项的全部责任，并对国际冰联负责。

2.2.2 执委会任务

执委会应履行以下职责：

- 根据需要制定政策和做出决定。
- 确保锦标赛的组织符合国际冰联章程、细则和锦标赛相关条例。
- 监督锦标赛的准备情况，并根据以下 2.3 的规定接收有关组委会所有活动的报告。
- 批准和监控运营预算。

执委会负责在锦标赛期间向国际冰联竞委会（由国际冰联代表和参赛成员国协会代表组成）提供相应的报告，以确保锦标赛运营符合国际冰联章程、细则和锦标赛相关条例。

2.3 组织委员会

2.3.1 概述

如锦标赛在单一城市举办，执委会可委任一个组织委员会（简称“组委会”）。

如果锦标赛在两个城市举办，将在执委会以外设立一个中央组织委员会(简称“中央组委会”)，在每个城市设立地方组织委员会(简称“地方组委会”)，中央组委会应代表地方组委会与执委会和国际冰联进行沟通。

2.3.2 组委会成员

组委会应由主办方国家协会代表、地方政府和冰球社团的代表组成。组委会的结构和管理岗位的任命设置，须经执委会批准。

举办地为单一城市的情况下，中央组委会或者组委会也可以由主办方国家协会的其他代表（而非主席）负责，从而承担组织锦标赛相关的全部责任并且对执委会和国际冰联负责。

如果主办方聘请第三方提供服务，协助组织锦标赛，经国际冰联/商业合作伙伴批准后，他们则可以成为组委会代表。

2.3.3 组委会任务

组委会应履行以下职责：

- 推广和举办锦标赛。
- 执行执委会的决议。
- 执行国际冰联的指示。
- 为组织工作建立管理和运营构架。

在锦标赛之前，组委会应根据国际冰联要求，向国际冰联和参赛成员国家报告锦标赛组织的各方面情况。

2.4 工作人员和志愿者

主办方应负责委任具有资格的人员加入执委会和组委会，协调锦标赛赛前、赛中及赛后的日常工作。

2.5 场地考察

在确定举办锦标赛的地点后，主办方必须立即与国际冰联联系并安排与商业合作伙伴一起进行场地考察，讨论与锦标赛合作相关的全部事宜，包括但不限于转播、广告及特许经销、场地检查、广告投放、与锦标赛的组织和运营相关的材料（如公告、期刊、海报、日程表、卡片、门票、办公用品、数据统计等）筹备和生产、装备获得、供应商和赞助商。

2.6 会议和会议纪要

主办方负责其与国际冰联之间的所有会议记录和会议纪要分发，以及主办方、国际冰联及其合作伙伴（包括商业合作伙伴）之间的会议记录和纪要分发。会议纪要一经核准，主办方应在会议结束后一周内将会议纪要分发给有关各方。如果商业合作伙伴没有参加会议，尽快将任何与其权利和义务有关的问题发送给他们。

凡举行正式会议或与商业合作伙伴达成任何协议，必须提前通知国际冰联，让国际冰联决定是否派代表参加会议。

2.7 锦标赛发展小组

为了将往届组织经验用于日后的锦标赛，每届锦标赛将成立一个锦标赛发展小组。小组应由国际冰联代表、商业合作伙伴和往届的执委会 / 组委会成员、本届和未来的锦标赛代表组成。小组应尽最大努力促进主办方、国际冰联和商业合作伙伴之间的合作，鼓励将往届经验传递给未来的组织者。

2.8 与商业合作伙伴合作

商业合作伙伴与国际冰联合作，有权直接要求主办方履行主办国合同中与商业合作伙伴利益相关的义务。如果商业合作伙伴直接发出要求，主办方应将任何的反馈信息抄送国际冰联，并且定期向国际冰联报告相关进展。

3 财务

3.1 收入

3.1.1 概述

除以下项目之外，主办方拥有来自锦标赛的全部收入的所有权：

- 根据以下 3.1.2，向国际冰联支付的组织费用。
- 国际冰联和其合作伙伴，比如商业合作伙伴，进行商业权益开发获得的收入。

主办方可以购买或者被国际冰联和/或其商业合作伙伴授予额外的权利。来自开发权的收入，应由国际冰联和/或其商业合作伙伴根据具体情况逐一确认后进行分配。

3.1.2 组织费用

主办方应当向国际冰联支付门票销售净收入的 10% 作为组织费用。保证费用为 100 万瑞士法郎（外加营业额税，例如但不限于增值税，若适用），即主办方将被要求支付至少 100 万瑞士法郎。净收入是门票销售的总收入减去营业额税的金额。

作为保证费用的 100 万瑞士法郎（外加营业额税，例如但不限于增值税，若适用），必须在锦标赛结束后 4 周内支付给国际冰联。

主办方有义务在锦标赛结束后 6 周内，向国际冰联提供一份完整、详细的门票销售记录，且该文件已经过国际冰联认可的独立机构审计。

组织费用的最终付款的余额（若适用），必须在国际冰联销售文件最终批准后的 2 周内完成清算。

国际冰联有权获得与门票定价和门票销售有关的全部信息。如果门票分级销售，国际冰联将有权重新计算门票销售收入，并且对组织费用进行相应调整。

主办方应该将应付款全额支付给国际冰联，不应因任何原因发生抵扣。

注：本部分规定中带下划线的标题不适用于组织 U20 锦标赛甲级组。

如果主办方因为税收、税费或其他此类原因进行扣减或延迟支付，主办方应进行补偿并支付该部分额外金额，并且确保国际冰联收到应收的全部金额。

3.2 成本责任

除非国际冰联另有规定，主办方有义务按照国际冰联章程、细则和条例的规定，承担与组织锦标赛有关的全部费用。

3.3 向国际冰联提交财务报告

主办方应向国际冰联提供一套完整的锦标赛账目管理资料。

3.4 主办国税收、费用等

主办方应当支付税收和 / 或类似费用，包括由主办国的政府、州、地方或其他税务机关或机构征收的费用，与锦标赛收入有关的或支付给国际冰联、国际冰联下属机构或参赛国家协会，包含官员、顾问、国际冰联及其下属机构雇员的费用，除国际冰联的瑞士所得税，或者国际冰联下属机构、参赛国家协会，包括他们的官员、顾问、雇员在其居民国家的所得税以外（为避免任何疑问，除主办方以外，其他主体被视为不在主办国居民征税范围）。

为了执行锦标赛相关的全部权利和义务，主办方应当支持国际冰联、国际冰联下属机构、参赛国家协会（包括国际冰联及其下属机构和参赛国家协会的队员、官员、顾问和雇员）、商业合作伙伴和商业附属公司（如转播方、官方赞助商和供应商），对项目、产品和技术设备（比如广告板墙、个人用品、技术设备、复印机、汽车、计算机、医疗设备等）的进口和出口。主办方应确保进口和出口不发生关税、税收和其他费用，如果发生，主办方应承担相关的费用。此外，主办方应与相关海关部门进行必要沟通，确保顺利、迅速地完成进口和出口。

主办方必须向国际冰联及其合作伙伴提供所有必要的官方文件，用于以任何交通方式供应给锦标赛使用的相关设备和材料的免税、免关税进口和出口。

4 场馆和设施

4.1 场馆 / 城市

4.1.1 场馆数量 / 城市

如果有 7 支或更多队伍参加锦标赛，则主办方必须准备 2 个符合国际冰联要求的场馆（符合比赛的系统和比赛、训练所需的上冰时间的要求）。

锦标赛不能在超过 2 个场馆进行（世界锦标赛甲级组：一个场馆）。

例外情况可由国际冰联理事会批准。

锦标赛的组织者必须同时提供一个备用场馆（不是练习场馆）作为紧急情况下的后备解决方案。

由于主办方原因在安装广告和/或转播设备及设施之后更改锦标赛地点，主办方应承担与上述所有重新安装相关的产品和安装费用。

4.1.2 场馆的位置

举行锦标赛的城市之间所需通行时间最多 3 小时（场馆到场馆），场馆和城市须经国际冰联理事会批准。

4.1.3 场馆、冰场和附近区域

比赛场地和练习场地必须保证所有区域的排他性，如更衣室、俱乐部区、清洁场地规则、餐饮权利等，并确保全部时间只由国际冰联冰球锦标赛参赛人员使用，包括非比赛日。

冰场的具体要求必须符合《国际冰球联合会官方冰球规则》。冰场端区的保护网应为深色，且不允许出现任何广告或印刷物。

主办方负责确保场馆设施符合比赛要求，并在整个锦标赛中按要求保持。

4.1.4 灯光需求

在冰面上方 1.5 米处，朝向主摄像头进行测量，高清电视转播场地内的灯光照度至少 1400 勒克斯，普通电视转播至少 1200 勒克斯。灯光在比赛场地表面和看台应该有相同的温度，没有日光照射的场地，最低 3200

开氏度；有日光照射的场地，最高 5600 开氏度。灯光应该在比赛场地表面均匀照射，在界墙附近没有阴影。练习冰场应至少提供 600 勒克斯的灯光照度。为满足快速采访区的要求，每个局间休息开始，在最后一位队员离开冰面之后的 3 分钟内需要全部照明。

4.1.5 电力需求

为了顺利组织和转播比赛，主办方必须免费提供充足和不中断的电力供应，并且有备用供电系统（电力充足，并且可以无缝切换），符合商业合作伙伴和电视转播伙伴的明确要求。在每个场馆，电力供应和备用供电系统必须分别提供至少 550 千伏安。至少在比赛开始 6 个月前，商业合作伙伴应该向主办方提供具体的供电系统要求。任何高于 550 千伏安的供电要求，至少在比赛开始 3 个月前提交给主办方，额外产生的费用由提出要求的商业合作伙伴承担。

电视公司转播车、转播间的电力消耗，将由请求方基于锦标赛举办城市适用的国内标准电价（最多提高 15%）计算。冰场内全部转播办公室（包括电视混合区的转播办公室）的国内电力消耗，由组委会支付。

4.1.6 互联网连接

在每个场馆，必须保证充足的网络连接（LAN 至少 100MB/s，或者 WAN 至少 8MB/s，加 8MB/s 备用）。在电视转播车、转播中心、工作室、评论席，都应确保 LAN 连接。主办方必须满足商业合作伙伴关于网络连接的具体需求，商业合作伙伴应提前 3 个月提出该需求。

4.1.7 环境要求

主办方应确保遵守与场馆有关的国家环境法律要求。主办方应采取一切措施确保场馆内没有吸烟的情况，并防止使用喇叭汽笛。主办方应确保在其控制下任何区域内不出售喇叭汽笛。

未事先获得国际冰联批准，不能分发赠送喇叭汽笛。

4.2 场馆房间和设施

所有房间、地面空间和设施均应免费提供，并应有明确标识。适当的标识系统（结合由国际冰联批准的授权区域）可用于在整个场馆中便捷、迅速地引导人群。

4.2.1 房间分配

房间配置和所有相关的细节，比如办公器材、基础家具、各个房间中为满足房间功能而必备的连接，将在场地考察时确定。国际冰联、商业合作伙伴和主办方将在场地考察记录和附带的平面图上签字。国际冰联可要求或者批准更改房间配置，必须至少在赛前 3 个月提出相关要求。

4.2.2 队伍更衣室

每支参赛队伍应被分配一间固定的更衣室（至少 120 平方米）。更衣室附带的额外房间应至少有 6 个淋浴、3 个卫生间。更衣室内有教练室，配备有线网络连接、按摩室、储藏室、烘干设备，以及具有所有场地全部比赛实况信号的电视。

4.2.3 队伍拉伸和热身区域

主办方应在场馆中提供队伍拉伸和热身的区域，参赛队伍共享。这片区域应至少配备 20 台固定自行车、运动垫，确保空气清新，环境安全。

4.2.4 场内裁判更衣室

裁判员、边线裁判员和替补裁判员统称为“场内裁判”。在每个场馆应为其配备更衣室（至少 20 平方米，带淋浴和卫生间）。如果一天之内在同一个场馆有 2 场或更多比赛，在国际冰联要求下，应为场内裁判提供 2 间更衣室。裁判更衣室应配备有线网络连接和有所有场地全部比赛实况信号的电视。应在靠近裁判更衣室处为场内裁判提供指定的热身区域，并且配备至少 2 台锻炼用自行车、运动垫和 1 个足球。

其他应有的设施和服务包括：

- 装备间和衣架，供 4 名裁判员和 2 名替补裁判员使用。
- 冰箱。
- 卫生用品，如纸巾和卫生纸。
- 1 台电视显示屏，可以看到视频监门反馈。
- 1 台咖啡机。
- 电源插座。
- 与比赛计时钟连接的时钟，用于赛前和局间倒计时。
- 1 张桌子和 4 把椅子。

· 装备和修理服务。
· 磨刀服务。
· 干洗服务（含干洗袋），用于每场比赛和练习之后清洗服装和贴身衣物，最好在场馆内部。
· 比赛场次之间对更衣室进行清洁打扫。
· 6 条浴巾和局间使用的 6 条毛巾。
· 个人清洁用品，如洗发水、护发素、发胶、香皂、漱口水和手巾。
· 更衣室配备饮料［瓶装水（密封），瓶装能量饮料（佳得乐或类似饮品），咖啡 / 茶，包括牛奶和糖］。
· 更衣室配备零食（多种水果、能量棒和口香糖等）。
· 冰刀鞋带（白色）、多种胶布（黑色、白色、透明）、护目镜清理用品。

4.2.4.1 场内裁判烘干室

应在场馆或酒店为场内裁判提供烘干设备。裁判烘干室应有足够的换气除湿设备，并应进一步配备：

· 两个电源插座。
· 足够的衣架。
· 电加热器。

4.2.5 队服服务中心

为了运营队服服务中心，主办方应至少在比赛前 14 天在每个场馆内安排充足空间（200 平方米），用临时墙体隔离出符合以下要求的小区域，内部有门互通：

· 工作面积 100 平方米，门上带锁。
· 为缝纫机准备 16 张桌子，为热压定型准备 8~10 张桌子。
· 12 把额外的椅子。
· 20 个可以移动的衣服架。
· 600 个金属衣架。
· 2~3 台热压机（由国际冰联提供）。
· 可供 8 台缝纫机和 2~3 台热压机同时使用的电路和电力。
· 工作区域旁边至少有 80 平方米的储藏间，门上带锁。
· 办公面积 20 平方米，配备两个工位及以下设施：
　——咖啡机。

——电话和传真线路。
——有线网络连接。
——供 15 人使用的冰箱。
——电视。

· 两间临时专用的更衣室，世界锦标赛开始前两天就位（见 4.2.2）。
· 根据国际冰联要求，由当地组委会组织的 16~20 名女裁缝师。

工资 / 酬金将由国际冰联支付。在国际冰联对所有合同细节确认后，由主办方与个人劳动者之间完成合同。关于设备和执行的进一步细节和信息更新必须经国际冰联办公室提出要求。

4.2.6 兴奋剂检测室和急救室

主办方应提供一个兴奋剂检测室和一个尽可能靠近冰场和队员更衣室的急救室。房间和更衣室之间应使用橡胶地板连接，并按《国际冰联医疗条例》配置设备和进行操作。

4.2.7 视频监门室

主办方应提供视频监门室，按照国际冰联《视频监门系统技术指南》安装视频监门系统。确保有必要的摄像头和电视反馈信号，以及有线电话线路与电话装置。房间必须面向冰场，视野无遮挡，位置和系统安装必须经过国际冰联批准。 除非国际冰联另有说明，主办方有义务承担与安装和操作视频监门系统相关的全部费用。

4.2.8 数据统计服务

主办方应在场馆内为电脑数据统计提供工作空间。数据统计室位置应靠近裁判席，提供 3 人工位。环境必须有适合电脑设备运行的温度和通风条件，并且提供有全部比赛画面的电视。

4.2.9 竞委会会议室

如果两个场馆距离很近，可以只在一个地点召开会议。主办方应提供一间宽敞的设施齐全的（有可播放视频光盘的电视、挂纸白板、投影仪），可容纳约 40 人的 U 型排座会议室，以用于竞委会召开会议。每队配有邮件箱和信息箱，竞赛指导委员会成员和裁判监督将在这个房间里或其周围活动。会议室应备有饮料和零食。

第一次竞委会会议当天，应额外安排 3 间房间，布置成教室形式，每间容纳约 20 人，可用于同时召开医疗团队会议、队伍规则信息会议和队伍媒体经理会议。这些房间同样配备可播放视频光盘的电视、白板、投影仪。

4.2.10 国际冰联工作人员办公室

主办方在每个场馆内为国际冰联工作人员提供最多 3 间办公室，或者一间足够容纳 15 人的办公室，配备必要的设施，在比赛开始前 7 天准备好投入使用。必要设施包括但不限于：充足的照明、电话、网络连接、模拟线路传真机、复印机（可快速打印、彩打、双面打印、装订）和 2 台打印机。

根据国际冰联提供的名单，为国际冰联工作人员提供免费的手机和 SIM 卡。电话名录的内容由国际冰联提供。

国际冰联工作人员办公室应配备 2 台电视设备，可以实时观看场地内正在进行的所有比赛。

4.2.11 国际冰联制证办公室

主办方应根据《国际冰联认证指南》，在制证中心（见 4.2.17）里为国际冰联制证经理及其助理提供一个办公空间。

4.2.12 国际冰联监督办公室

主办方应在每个场馆内为国际冰联 3 位监督（医疗监督、裁判监督、兴奋剂检测监督）提供办公空间。

4.2.13 国际冰联官方网站工作人员

主办方应在每个场馆内为 3 位代表国际冰联工作的人员提供办公空间，用于维护比赛的官方网站。办公空间应配备 3 条高速网络连接线路。

4.2.14 国际冰联摄影师办公室

主办方应在每个场馆内为 2 名国际冰联摄影师提供配备 2 条高速网络连接线路的办公空间。办公空间的位置应尽可能靠近场馆冰面一层。主办方应为摄影师提供安全有锁的器材储藏室。

4.2.15 媒体服务

主办方应根据第 15 章提供媒体服务，包括提供以下设施：

- 媒体中心，为最多 300 名经授权的记者提供便捷办公的房间或者帐篷。
- 媒体座席，每场比赛在每个场馆观众席为 300 位平面媒体人员提供座席。整个比赛期间位置应该固定，并且已考虑媒体设备所占空间，且提前经过国际冰联批准。
- 在每个场馆和每场比赛都要在观众席主摄像平台的同一侧为 50 个评论员位置集中设置 300 个坐席。座席安排应保持不变，并尽可能靠近冰面中央区域。每个评论员位置必须配备 3 个座席、1 张桌子和必要的设备，如 15.2.2 所述。
- 新闻发布室，在媒体中心内部或附近，安排最多可容纳 200 人的独立房间用于新闻发布会。
- 混合采访区，在场馆内尽可能靠近队员更衣室和新闻发布室的开阔区域，用于媒体采访。混合采访区应足够容纳相关的媒体代表，且方便通行。该区域应分成三部分，①电视区；②广播区；③平面媒体区。以相应的顺序依次靠近队员。
- 快速采访区，在队员进入冰场的通道留出充足空间，转播员可以在局间休息时对队员进行快速采访（不超过 90 秒）。
- 图片复印中心，独立的办公室（至少 20 平方米），尽可能靠近媒体中心和比赛数据统计办公室，见 4.2.8。
- 媒体餐区，位于媒体中心内部或附近，价格适中。
- 商业合作伙伴办公室（电视部门见 4.2.18），根据商业合作伙伴要求，安排在电视综合转播区内部或附近。

4.2.16 交通中心

根据第 8 章，主办方应在每一个比赛场馆内部或附近提供一个设备齐全的交通办公室 / 服务台。

4.2.17 制证中心

主办方应在每个比赛场馆内部或附近设立制证中心（100 平方米），应根据《国际冰联制证指南》设置并运营。

应有可容纳大量人流的足够空间，并且应当设立直达制证中心的公共入口。

4.2.18 国际冰联商业合作伙伴办公室

主办方应确保每个比赛场馆有 2 间办公室（至少 20 平方米），配备电话、传真机、网络连接、打印机、2 台有场馆画面的电视等设备，免费提供给商业合作伙伴。所有相关费用应由主办方承担。

4.2.19 国际冰联伙伴设施

主办方应为国际冰联的合作方提供办公空间，国际冰联至少在比赛前 12 个月提出要求。

4.2.20 贵宾休息室

根据第 11 章的规定，主办方应为国际冰联和商业合作伙伴提供贵宾休息室，位置尽可能靠近下文 11.2 和 11.3 的指定区域。

4.2.21 转播设施

根据第 14 章和第 15 章，主办方必须在冰场内为电视转播和广播转播提供足够及适当的空间和设施。转播设施包括但不限于可用的电力、电话线、网络连接和电视设备，如摄像机台座、安装在天花板或墙壁上的摄像机等设备（如视频监门摄像机）。

主办方应为 2 间电视工作室提供场地（每间大约 30 平方米），根据国际冰联的要求最好在场馆内，但不要造成观众座席减少（“座席损失”）。必须在锦标赛开始前 11 个月提出该需求。

如果上述不可行，需将座席损失减小到最低，且必须在开始销售门票前提出相关要求。

根据 14.4.2，如果电视制作办公室有需要，主办方应在收取合理费用的情况下在场馆内提供额外的空间作为电视制作办公室。

4.2.22 冰场公共区域

场馆的公共区域和临近区域应提供给商业合作伙伴活动使用（见第 12 章），例如投放广告、放置产品和基本信息。主办方在这些区域组织活动，应经过商业合作伙伴和国际冰联批准。如上述活动需要政府部门的许可，主办方应代表商业合作伙伴寻求此类许可。

4.2.23 标识

场馆（以及主办城市）内部和附近所有相关区域，必须提供方向性的指示标识，为来访者、宾客、参与者、工作人员、志愿者和媒体指示各个房间和功能区域的位置。这样的指示标识应同样出现在主办城市的关键位置，包括机场、火车站、街头公共汽车站、相关的停车场等。

计划使用的指示标识的外观和位置，包括在场馆和附近使用指示标识的细节，必须至少在比赛开始前 6 周提交至国际冰联审批。

4.2.24 纪律委员会会议室

主办方应该在场馆内为纪律委员会提供一间设备齐全的会议室，包括：

- 供 6 人使用的方形会议桌。
- 1 台台式电脑 / 笔记本。
- 1 个大屏幕。
- 1 部电话。
- 4 接口的高速网络连接。
- 能与不同场馆间进行视频会议的系统配备。

根据场地的位置以及举办世界锦标赛使用的设施的情况，国际冰联保留要求额外会议室和 / 或对以上计划进行改变的权利。

5 竞赛

5.1 国际冰联运动条例和国际冰联官方冰球规则

主办方有义务遵守国际冰联官方冰球规则、运动条例和其他条例与指南，没有例外。

5.2 邀请函及入境签证

主办方必须负责按时为所有队伍和参赛官员（包括国际冰联代表、商业合作伙伴和商业附属公司以及他们的材料和装备）准备邀请函，并提供所有入境签证所需的支持及批准资料。

5.3 队伍联络人

主办方必须为每支参赛队伍分配队伍联络人。队伍联络人将起到主办方和每支队伍联络的作用。队伍联络人必须能流利地用英语及各自队伍的母语进行沟通。

5.4 比赛服务

主办方必须为所有的参赛队伍和裁判员提供以下服务：

- 根据国际冰联队服服务程序提供队服服务。
- 装备维修服务。
- 磨刀服务。
- 干洗服务（包括干洗袋），用于每场比赛和训练结束后干洗队服和贴身衣物，最好安排在场馆内。
- 为比赛和训练提供毛巾。
- 为训练、赛前热身准备足够的冰球（每支队伍约 50 个），正式比赛用球由国际冰联提供。
- 比赛和训练中，为各个更衣室和场内裁判室准备饮料和零食。
- 在热身结束后和每局之间，打扫更衣室、场内裁判室、过道、队员席和受罚席。

5.5 仪式

主办方必须指派一位首席礼宾官和足够的人员来保证下述国际冰联礼仪得到准确执行。

5.5.1 旗帜

比赛场馆必须在同样的高度悬挂同样规格的参加国际冰联世界锦标赛队伍的国旗。国旗从左向右（从主看台的方向看）按照参加锦标赛的排名顺序悬挂。国际冰联的旗帜可以悬挂在各国国旗首部、尾部或中间。各个旗帜要放置在赛场内有最佳可视度的位置。国际冰联旗帜的尺寸不一定要和各国国旗尺寸相同。主办方必须确认所展示的各国国旗和国歌的准确性。

旗帜可以由国际冰联提供，如果国际冰联提供了，则必须使用国际冰联提供的。根据 5.5.5 赛后仪式必须要有升旗的环节。注意部分国家对国旗方向（如斯洛伐克）和国歌（如丹麦）特定的要求。

5.5.2 官方音乐

在开幕式、闭幕式以及队伍进入冰面时，主办方有义务使用国际冰联办公室提供的国际冰联官方音乐。主办方要分别向版权协会（德国音乐版权协会、瑞士版权协会、法国国际版权公司）报告国际冰联官方音乐使用情况，并且负责任何以及所有的因使用音乐作品版权而产生的费用。

5.5.3 开幕式

开幕式计划应在锦标赛开始 4 周前提交给国际冰联批准。

开幕式应该是不超过 15 分钟的欢庆活动。在各国旗手入场之后，升主办国国旗，奏主办国国歌。接下来主办国冰球协会主席致辞，然后由国际冰联主席或者国际冰联竞委会主席代表国际冰联宣布锦标赛正式开幕。在主办国家协会的要求下，国家的代表也可以宣布锦标赛开幕，并且使用以下措辞：“我代表国际冰联，特此宣布（年份）国际冰联（类别）世界冰球锦标赛（级别）开幕。”在宣布之后奏国际冰联官方音乐，各国旗手将退出冰面。

5.5.4 赛前仪式

在比赛开始前大约 2 分钟或在锦标赛音乐播放期间，双方队伍应一个接一个地进入冰面，并且分别站在各自的蓝线处。裁判员和边线裁判员站在计时席前方。各队队长将向前走向裁判员，交换队旗并且握手；同时，宣告员介绍双方首发阵容。然后，双方滑行至他们的守门员处，再回到队员席，只有首发队员留在冰面上。应在比赛开始的准确时间进行争球。准确时间请见国际冰联赛前、赛后倒计时。

5.5.5 赛后仪式

比赛结束之后，双方队员应在各自的蓝线处立即列队，将为每队的最佳队员颁奖，在颁奖之后裁判员站在红线上。必须奏获胜队伍的国歌，同时升获胜队伍的国旗。所有队员应摘下头盔面向国旗以示尊重。最后，双方所有队员将握手并且离开冰面。详细时间请见国际冰联赛前赛后倒计时。

5.5.6 锦标赛奖项

根据 13.7，锦标赛结束后将在冰面上颁发由赞助商和供应商提供的奖杯和奖项，国际冰联代表应出席。奖杯和奖项可能包括但不限于以下项目：

- 每场比赛每支队伍的最佳队员奖，由商业合作伙伴提供（见 13.7）。
- 锦标赛前三名的球队（金牌、银牌、铜牌）。
- 锦标赛最佳守门员、最佳后卫、最佳前锋奖项（由竞委会提名），由国际冰联提供。
- 锦标赛每队 3 名最佳队员奖，由主办方提供。
- 进球（积分）最多奖，不发奖品。
- 锦标赛最有价值球员奖（MVP），由国际冰联提供。
- 全明星阵容，不发奖品。
- 主赞助商锦标赛奖杯或奖盘。

由主办方提供的奖项必须经过国际冰联批准。其他可能颁发的奖项也必须经国际冰联批准。

5.5.7 锦标赛奖杯及奖牌

国际冰联提供给主办方国际冰联世界冰球锦标赛奖杯、最有价值队员奖杯、第二名和第三名奖盘。

国际冰联冰球世界锦标赛主办方有权设计获得比赛前三名队伍的奖牌。设计、材料以及质量必须得到国际冰联的批准。

奖牌标准如下：

- 直径为 70 毫米。
- 最小重量为 200 克。
- 最小厚度为 5 毫米。
- 奖牌正面要有主办国的特点，包括完整的锦标赛官方名称和赛季。
- 奖牌背面要有国际冰联标志。
- 奖牌的绶带可以是有国家特色的颜色，或者是国际冰联使用的颜色，即红、蓝、白。
- 需要制作的奖牌总数（包括预留给国际冰联的额外数量）将由国际冰联确认，奖牌将在世界锦标赛的第一天交给国际冰联。

设计和制作的费用由主办方承担。模具将成为国际冰联的财产，并且在所有的奖牌（包括额外的奖牌）都制作完毕后交给国际冰联。禁止将奖牌或奖牌模具用于任何其他目的。

如果国际冰联世界冰球锦标赛的主办方想要行使设计奖牌的权利，必须在锦标赛开始前，最晚 8 月份，通知国际冰联。

5.5.8 颁奖和闭幕仪式

在铜牌争夺赛的赛后仪式上，颁发比赛最佳队员奖，宣告员应宣布获得铜牌的队伍。将在场内颁发奖牌和奖品，奏获胜队伍的国歌。

在决赛的赛后仪式上，颁发比赛最佳队员奖，宣告员应宣布获得金牌和银牌的队伍。

搭建颁奖台时，将在立方体屏幕上宣布获得竞赛最佳的 3 名队员以及媒体全明星队，并播放视频。

如果获胜队伍在整个锦标赛中赢得了全部比赛，将首先向获胜队伍颁发盈方大奖支票。

双方队伍将面对面站在各自的蓝线上。

在此之后，将颁发场内裁判员奖项，获奖裁判员将上前领取他们的纪念奖牌，随后在奖台上颁发“最有价值球员（MVP）”奖项。

然后，由国际冰联理事会成员或代表向亚军队员和队伍官员颁发银牌，将奖牌戴在队员和队伍官员的脖子上。在闭幕式期间以及接下来的赛后混合采访区、媒体会议期间，队员要一直恭敬地将奖牌戴在脖子上。任何违反上述规则的行为，都将会报告给国际冰联纪律委员会，并可能依据国际冰联细则 1001 给予额外的纪律处罚。队长上前领取亚军奖盘之前，已获银牌奖的队员应该滑向获得金牌的对方队伍，与其握手，并且再回到蓝线列队。

然后，由国际冰联理事会成员或代表向冠军队员和队伍官员颁发金牌，将奖牌戴在队员和队伍官员的脖子上。所有奖牌颁发完毕，队伍沿蓝线列队，奏获得金牌队伍的国歌，升 3 支获得奖牌队伍的国旗。

奏完获得金牌队伍的国歌后，获得银牌的队伍从混合采访区出口离开冰面。

获得金牌队伍的队长将被召唤领取锦标赛奖杯。短暂的庆祝之后，国际冰联主席将宣布锦标赛闭幕：“我代表国际冰联，特此宣布（年份）国际冰联世界冰球锦标赛闭幕。”

获得金牌的队伍将在冰面上获胜者背景板前面集合，拍摄官方队伍合影，然后离开冰面。

仪式部分的准确时间安排和文稿将由主办方、国际冰联及商业合作伙伴一起决定，并且经过国际冰联批准。

5.5.9 宴会

主办方可以向国际冰联提出在锦标赛期间组织宴会，在此情况下，官方的发言人将是主办国的冰球协会主席以及国际冰联主席，或者是指定的竞委会主席。在国际冰联、主办方及各自的赞助商提供并且同意的情况下，可以颁发特殊奖项。

5.5.10 主办方礼物

国际冰联为锦标赛主办方准备的礼物，将在锦标赛决赛之前交给应获得礼物的官员。

6 医疗服务和兴奋剂检测

6.1 概述

主办方必须确保按照《国际冰联医疗条例》实施医疗服务和兴奋剂检测。

6.2 医疗服务

主办方必须根据《国际冰联医务条例》，准备、展示和运营一套完备的医疗项目，包括但不限于兴奋剂检测和医疗服务，如营养和水分摄入标准、空气质量控制、配备设施、医疗用品、医疗服务，以及在每个场馆为官方参与者和观众配备的医疗人员。

7 食宿

7.1 概述

主办方有义务为下述7.4中列明的人员（官方参与者）提供住宿和餐饮（早餐、午餐、晚餐）。

官方参与者有权（如无特殊说明）从开赛前一天中午开始，直到正式锦标赛结束（包括合理的时间安排），享有4星或5星酒店的住宿和餐饮。

国际冰联在锦标赛期间将安排队伍、裁判员、国际冰联和媒体代表入住指定酒店。相关酒店住宿应在锦标赛开始前12个月获得批准。此后任何更改需要得到国际冰联书面批准。

国际冰联代表大会委派的代表将与国际冰联理事会入住同一家酒店。

7.2 酒店预订

主办方应在锦标赛开始前12个月确认酒店房价及客房供应情况。主办方应确保与酒店达成协议时尽可能争取灵活性，比如额外房间数量、日期更改、确认的最后期限后延，以及有利的取消政策。

国际冰联及其商业合作伙伴应至少在锦标赛开始前的3月底，通知主办方所需房间数量。

主办方有义务按照7.4的要求，满足官方参与者对于酒店房间的需求；且有义务代表国际冰联和/或商业合作伙伴为7.4中未列出的人员做出房间预留，包括但不限于国际冰联委员会成员、国际冰联名誉成员、访客和合作伙伴。

任何与7.4中未列出人员有关的住宿费，应在结账时由相关客人自行支付，除非国际冰联另有规定。

主办方应提供额外的房间，特别是为参赛队伍，其价格应与官方参与者房价相同。

主办单位房间预订的大致数量：

参赛队伍	总计 至少450间

国际冰联裁判员和国际冰联监督	总计 至少 40 间
国际冰联理事会成员、工作人员和客人	总计 至少 160 间
国际冰联代表大会代表	总计 至少 200 间

根据世界锦标赛场地和设施的位置，国际冰联有权要求额外房间和 / 或更改上述数量配置。具体取决于举办世界锦标赛的比赛地点和场所。

7.2.1 国际冰联办公室

在锦标赛期间，在每个场馆附近供国际冰联理事会住宿的酒店里，应准备一个房间作为国际冰联办公室（如果要求），在锦标赛开始前 3 天直到锦标赛结束后的第 2 天以内免费使用，并提供 4 个工位，配备电话和互联网连接。

7.2.2 理事会会议室

在主场馆附近供国际冰联理事会住宿的酒店里，提供一间具有电视机、投影机、屏幕、挂纸板和互联网连接的宽敞会议室，可供 25~30 人使用。理事会会议室的相关费用由国际冰联承担。

7.3 餐食及餐费

规则 7.4 中列出的所有参与者，都有权在各自的酒店享用早餐。 主办方必须按照细则 701、702 中明确规定出的队员和官员的人数上限提供免费的餐食。额外餐食由相应的队伍支付。

参赛队伍的早餐，以自助餐形式在预留的早餐区或专用私人会议室内供应。应确保酒店的其他客人不会打扰队伍用餐。晚上比赛结束后，酒店必须为参赛队伍、裁判员、国际冰联理事会及竞委会成员、国际冰联工作人员提供热餐直到 24:00。

主办方必须确保餐食符合《国际冰联医疗条例》中关于营养和水分摄入的标准。 除此之外，部分官方参与者（如下文明示）有权从主办方获得主办方所在国货币现金，用以支付其逗留期间（包括抵达日）每日两主餐的费用，以下称餐费。国际冰联理事会应决定餐费金额。

对于裁判员和裁判监督的两顿主餐（午餐和晚餐）餐费，应以主办方所在国货币支付现金。 国际冰联和主办方应就餐费金额达成一致。

7.4 官方参与者

7.4.1 参赛队伍

通常，所有参赛队伍将被安置在同一家酒店。主办方将为每支队伍提供8间单人间和14间双人间。在分配的14间双人间中，两间应相邻并由一个门相连，并配有能满足至少供6人会议使用的装备。在赛事期间，主办方应尽最大努力满足队伍代表团的额外房间需求，由各自国家协会承担费用，直到参与者完成锦标赛官方任务。额外房间的价格应与协议的组委会房间价格相同。

如果参赛队伍被安置在多个酒店，酒店应该是同等标准。

必须在住宿酒店免费提供设备齐全的会议室（约80平方米）给参赛队用于会议和餐饮。会议室应至少配有免费的互联网连接、挂纸板、连接视频光盘播放器的电视机（屏幕最小61厘米） 和配有电缆和屏幕的电脑投影仪。整个锦标赛期间会议室应保持一致，并经过国际冰联批准。

7.4.2 裁判

应为所有裁判员、边线裁判员（ “裁判” ）和被指派的裁判监督于赛前两天至锦标赛结束后一天，提供住宿。

应为被指派的每名国际冰联裁判监督、裁判员和边线裁判员提供单人间。

应为被指派的裁判提供一间会议室，配有挂纸板和可供连接视频光盘播放器的电视（屏幕最小61厘米）、宽带互联网接口、带投影仪和屏幕的PC投影仪。

锦标赛期间，酒店提供的会议室均可在国际冰联裁判监督时间安排下供裁判使用。

根据国际冰联裁判监督要求，酒店应可以提供免费复印服务。此外，按摩理疗室或按摩台等类似的设备均可以使用。

如果国际冰联要求，应提供两个额外的单人房，费用由国际冰联承担。

主办方根据国际冰联细则1108，主办方应向被指派的裁判支付现金，以用于与锦标赛相关的临时支出。

7.4.3 国际冰联代表

主办方必须为国际冰联代表提供酒店房间：

· 国际冰联主席及配偶	含一张会议桌的套间
· 国际冰联理事会成员及配偶	双人间
· 国际冰联秘书长及配偶	双人间
· 由国际冰联明确的15名在锦标赛场馆工作的代表	双人间

主办方应按照7.3的规定，为上述所有国际冰联代表支付餐费。

7.4.4 国际冰联代表大会年会

如果在锦标赛期间召开国际冰联代表大会年会，自开幕前一天起至锦标赛结束，主办方有义务向每个参会的相关成员国家协会的首席代表提供一间双人间及餐费。

对于同来参会的成员国家协会的其他代表，主办方须预定房间，所有相关食宿费用发票将发给各自协会，并由客人在酒店退房前或退房时支付。

额外房间的住宿价格和餐费不得超过酒店的官方门市价格。

主办方须在锦标赛赛前至少两个月收到所有相关需求。

7.4.5 医疗服务和兴奋剂检测监督

自锦标赛开始前一天直到锦标赛结束后一天，应为国际冰联理事会指派的国际冰联医疗服务和兴奋剂检测监督提供单人间。

7.4.6 国际冰联代表大会翻译人员

自代表大会开始前一天到结束后一天，应为4名大会翻译人员每人提供一间双人间。

7.4.7 商业合作伙伴代表

锦标赛期间，主办方应免费向商业合作伙伴在每个场馆的国际冰联入住酒店中提供一间房间。

主办方应尽最大努力满足商业合作伙伴的其他房间要求，费用由商业合作伙伴承担。

7.4.8 国际冰联技术数据统计人员

自锦标赛开始前一天至锦标赛结束后一天，应为每个场馆的最多 5 名国际冰联数据统计人员提供每人一间单人间。

7.4.9 国际冰联纪律管理员

每个场馆有两人负责国际冰联纪律系统工作，自锦标赛开始前一天至锦标赛结束，应为他们每人提供一间单人间。

8 交通运输

8.1 概述

主办方必须如规则7.4所列，自参与者到达国际冰联理事会指定机场开始，直到参与者在锦标赛的任务结束，在这段时间内为官方参与者提供地面交通工具。同时必须为国际冰联终身会员及其配偶、国际冰联审计员及其配偶和国际冰联嘉宾提供交通服务。

官方参与者将自行安排飞往国际冰联指定机场。抵达后，交通将由主办方负责。主办方应在酒店和场馆之间，以及酒店和最近的机场之间，为比赛、训练和会议提供交通服务。

8.2 交通中心

根据4.2.16，交通中心应在锦标赛开始前7天启动运营，至锦标赛结束后2天终止。交通中心应在每场比赛赛前、赛中和赛后提供保障服务，必须每天24小时提供交通服务，必须由一名会说英语的交通经理和工作人员管理。

8.3 交通服务

须包含以下交通形式：

· 供队伍使用的专用大巴和装行李的货车，如适用。
· 每个参赛队伍可自行决定使用的一辆专用车辆（面包车或轿车）。
· 供代表、委员会委员、裁判员和边线裁判员使用的大巴车、小巴车或轿车（配有司机）。
· 主要酒店和赛场之间的班车服务。
· 为锦标赛主席、国际冰联监督、国际冰联工作人员、国际冰联数据统计人员、国际冰联商业合作伙伴的工作人员和其他经认证的人员提供必要的交通服务。
· 如果锦标赛在两个城市举办，裁判员、边线裁判员、裁判监督因比赛安排需要转换城市发生的交通费用（飞机、火车或汽车）将由组委会承担，且要选择最便捷的交通方式。

应在场馆附近停车场为国际冰联办公室和每支参赛队伍提供一个停车位。

除上述之外，主办方应尽最大努力与公共交通服务部门达成协议，为持有锦标赛相关证件的人员提供免费的公共交通。

8.4 停车位

根据国际冰联及其商业合作伙伴的要求，锦标赛期间须每天在每个场馆提供30个免费的优先停车位（若有需要，额外提供25个正常收费的停车位）。

8.5 锦标赛官方用车

锦标赛官方用车（40辆轿车）应由商业合作伙伴免费提供给主办方。主办方需负责司机、燃油、保险、税费和常规清洁等服务。商业合作伙伴应在锦标赛之前明确车辆数量。

这些车辆必须保持交付时的设计，不得有其他广告。它们必须根据国际冰联的相关规定进行编号和分配。这意味着包含以下几点：

- 为国际冰联主席、每位国际冰联理事会成员和国际冰联秘书长各安排一辆车且配备一名了解当地情况的专职司机。
- 在每个赛事场馆有一辆配备当地司机的车辆，供商业合作伙伴安排使用。自每个赛事开始前5天至结束后2天，司机为商业合作伙伴提供免费服务。
- 为每个场馆的国际冰联办公室提供一辆车。
- 为组委会提供一辆车。
- 剩余的车辆，按照上述要求供主办方用于相关交通服务。

8.6 媒体交通

必须在城市主要媒体入住的酒店和赛场、训练场之间提供免费的媒体交通。班车服务的时间表应对照媒体代表在比赛期间的工作时间。

必须以适当的成本安排锦标赛场馆（城市）之间的通勤，费用由经认证的媒体工作人员承担。

9 资格认证

9.1 国际冰联认证指南

主办方必须使用和操作国际冰联认证系统，以根据《国际冰联认证指南》对各个区域的访问权限进行保护。认证计划包含每个场馆不同组别、不同认证区域的默认通行密码。认证区域和人员流向必须经过国际冰联批准。

主办方应确保任何获得认证的摄影师/记者都无法散布锦标赛现场直播/（无线客户端）网络直播的照片。

9.2 认证中心

主办方应根据 4.2.17 建立认证中心。

国际冰联应提供一个由主办方操作的认证系统。即将在认证中心工作的人员须在锦标赛之前参加主办方组织的关于国际冰联认证系统使用的培训。

9.3 资格认证

认证卡可以确保持卡人免费进入冰场，前往每张卡上所列出的相关区域及获取相关服务。认证卡的发放必须经过国际冰联批准，并且必须发放给以下人员：

- 所有正式参与者，如 7.4 所列。
- 主办方人员、志愿者，以及场馆供应商和安保人员。
- 经国际冰联及其商业合作伙伴批准的、经认证的电视和广播人员。
- 经国际冰联及主办方批准的、经认证的平面媒体记者、申请表上已确认非电视台或广播公司人员。
- 为计算机、记分牌、视频监门系统和设备维修提供服务的供应商和工作人员。
- 为国际冰联商业合作伙伴代表（第 11 章至第 14 章所涉及者）提供足够数量“无限制通行”认证以确保他们的权利。
- 经国际冰联及商业合作伙伴批准的技术人员可以进入相关区域，以确保其利益并履行锦标赛相关职责。
- 国际冰联合作伙伴，如供应商资源团成员。
- 国际冰联指定的国际冰联客人。
- 国际冰联各委员会委员。

10 票务和座席预订

10.1 主办方权利

除了预留座席和本条例中提到的“座席损失”之外，国际冰联授权主办方销售所有剩余座席。最迟在锦标赛开始前12个月，或门票开始销售前，主办方必须提交一份考虑了所有特定预留位置的座席表，由国际冰联批准。

主办方应制定一个门票销售策略，列出类别、价格、套票、包厢票、折价票和免费票，在锦标赛开始前12个月提交国际冰联复核。

门票销售开始后，主办方有义务通过国际冰联售票统计表格每周向国际冰联报告门票销售情况。

10.2 票务条款

至少应在门票背面打印票务条款和条件，或主办方应提醒购票者注意条款和条件（参见“门票条款指南”）。

根据国际冰联的要求，主办方应在场馆门票背面或场馆入口处指示板上打印有关观赛事项的其他信息，例如：声明禁止在比赛区域和观众区域吸烟，以及有权采取行动来打击广告违规和/或违法行为。

10.3 国际冰联门票

主办方应向国际冰联免费提供每个场馆每场比赛800个级别最高的座席（简称“国际冰联座席”）。组委会必须为预赛轮次中主办方队伍的比赛、预赛轮次中代表俄罗斯队的比赛，以及全部晋级赛轮次比赛提供额外50个座席。

国际冰联座席在场馆的最佳区域，在整个锦标赛期间不得改变座席分配。如果国际冰联没有另外指出，该座席最好分配在主电视摄像机同侧，在下层看台从中心线延伸，且距离贵宾接待区域最近。座席的位置应在锦标赛开始前8个月获得国际冰联批准。座席单票应在锦标赛开始前3个月发送给国际冰联办公室。

国际冰联可能会把这些门票退还给主办方。如果退还，国际冰联应尽其最大努力早日退回。

主办方应根据国际冰联的指示，管理国际冰联门票和座席。例如，主办方应提供指示牌，包括从座席到贵宾招待区、分隔标示出国际冰联座席、进行入场管理（通过门票）引导至座席、根据国际冰联要求在座位席上放置名签。

国际冰联可以自行决定如何使用国际冰联座席。经国际冰联批准，下列人员将获得国际冰联座席的入场券或认证。

国际冰联：

- 国际冰联主席及其配偶。
- 国际冰联理事会成员及其配偶。
- 国际冰联秘书长及其配偶。
- 竞委会成员（非理事会成员）。
- 在代表大会期间 2 名代表及其配偶。
- 国际冰联裁判监督。
- 医疗服务及兴奋剂检测监督。
- 承担锦标赛任务的国际冰联工作人员及其配偶。

国际冰联客人和合作伙伴：

- 国际冰联委员会成员。
- 国际冰联荣誉会员及其配偶。
- 国际冰联荣誉嘉宾。
- 国际冰联合作伙伴，如国际冰联供应商资源团成员。
- 国际冰联商业合作伙伴。

以上所示所有人员的座席分配均应经过国际冰联批准。

10.4 商业合作伙伴门票

除了根据 10.3，收到来自国际冰联的门票（按照上述说明），商业合作伙伴有权提出需求，按票面价购买锦标赛每天每场比赛最多 500 张最高类别的门票（比赛门票，非套票）自用和供商业附属公司使用。商业合作伙伴应在锦标赛开始前的 12 月 15 日向主办方提出相关要求。

主办方应在每次锦标赛开始前的 12 月 31 日之前预留出足够数量的门票，

优先交给商业合作伙伴。

10.5 参与者看台

主办方有义务在每个场馆内提供一个150个座席的看台区域（经认证的区域，简称“参与者看台”）给经认证的队伍队员、队伍官员、教练员和裁判员。这些座席应不在电视主摄影机画面范围之内，并且必须经国际冰联批准，且在整个锦标赛中保持一致。

10.6 参赛队伍门票

每支参赛队将获得45张自己队伍比赛的门票，可自行分配使用。

10.7 队伍工作人员位置

主办方应为每支队伍提供5个队伍官员位置，冰面视线无遮挡，用以观看比赛。

10.8 媒体看台

10.8.1 平面媒体记者座席

每个场馆每场比赛，主办方必须为经认证的平面媒体记者提供300个配备相关设备的座席，具体要求见15.2.1。

10.8.2 评论员座席（电视和广播）

根据4.2.15和15.2.2，主办方应该在每个场馆和每场比赛中，为与商业伙伴签约的被认证的电视评论员和广播电台提供300个座席。

根据4.2.15，如果每个场馆的每场比赛需要超过50个评论员位置，商业合作伙伴必须在比赛开始前3个月通知主办方。商业合作伙伴应支付包括“座席损失”在内所有额外的座席费用。

10.8.3 电视观察员座席

每个场馆每场比赛，主办方应为锦标赛观察员（电视和广播）在邻近评论员位置或在记者席内提供10个座席。

10.9 摄影位置

主办方必须为摄影师在场馆提供 100 个位置，并在冰面同一层的冰场角落提供 20 个位置。这些位置应在出售门票之前经国际冰联批准。

国际冰联将派官方摄影师参加锦标赛，主办方应为其在冰面同一层（包括队员席之间），以及国际冰联观众看台，保留专属区域。

10.10 执裁录像指导

组委会必须为执裁录像指导在最佳位置提供一个工位。这个位置应配备互联网和电视信号源连接。

10.11 替补裁判座席

组委会应在冰面同一层为替补裁判员和替补边线裁判员提供两把吧椅（酒吧用的高腿椅）。

11 接待

11.1 空中包厢

主办方应在锦标赛期间在每个场馆的观众区为国际冰联主席和国际冰联理事会提供一个免费的，拥有大约有 30 个座位的“空中包厢”。任何餐饮费用将由国际冰联承担。

如果场馆里有包厢（多个）的话，主办方应在整个锦标赛期间为商业合作伙伴免费提供一个“空中包厢”。该包厢最多可容纳 20 人并包括 20 个观众座席，并且便于进入主场馆。任何餐饮费用将由商业合作伙伴承担。在免费提供的包厢里应包含 20 个观众座席。

11.2 贵宾休息室

国际冰联和商业合作伙伴有权在每个锦标赛场馆建立并使用贵宾休息室，用于接待活动并由自己的餐饮公司提供招待服务。贵宾休息室必须设在每个赛事场馆内（或靠近赛事场馆）的最佳位置，并且紧邻为国际冰联和商业合作伙伴提供的座席。

为商业合作伙伴在主要场馆提供的贵宾休息室的面积，至少应有 800 平方米（外加厨房设施的空间）；在第二场馆至少应有 400 平方米（外加厨房设施的空间）。国际冰联将与主办方共同确定每个场馆国际冰联贵宾休息室的大小。国际冰联、主办方和商业合作伙伴将共同确定每个场馆中贵宾休息室的准确位置和基础设施（如水、电、电视信号、进出控制、洗手间等）。贵宾休息室和适当距离的洗手间设施应由主办方提供安保。对于布置、餐饮等安排，应在锦标赛开始前 8 个月经国际冰联及其商业合作伙伴批准（仅限已有建筑）。

应为国际冰联和商业合作伙伴免费提供必要的楼层空间和基础设施。

应根据国际冰联和商业合作伙伴的要求，单独或合并设置贵宾休息室。如果合并设置贵宾休息室，须仅由国际冰联及其商业合作伙伴决定并注明进出权限。

这些贵宾休息室不应设置在场馆的独家餐饮区域内。

11.3 贵宾服务

国际冰联和商业合作伙伴将在锦标赛开始前 6 个月通知主办方，是否自行筹备贵宾休息室的基础设施、装饰和服务。如果国际冰联和商业合作伙伴不自行筹备，那么应由主办方负责。贵宾休息室的基础设施、装修和服务应满足国际冰联标准。这意味着高质量的服务、经典的装饰和欢庆的气氛。

对于与贵宾休息室相关的所有要求，如位置、装修、食品和饮料的质量、人员安排、相关时间和成本责任等，应当在锦标赛开始前 6 个月由国际冰联及其商业合作伙伴和主办方达成一致。

主办方应确保国际冰联和商业合作伙伴可以自行提供贵宾休息室或顶层包厢的餐饮服务。此外，主办方应确保国际冰联和商业合作伙伴可以在配置贵宾休息室和顶层包厢装备时选用独立的商业附属公司，而不是来自现有供应商与场馆之间的协议。

11.4 准入和费用负担

国际冰联和商业合作伙伴应提前协调贵宾休息室的数量和相应的准入政策。

10.3 所列的所有人都有权进入贵宾休息室，并且同样也享受接待服务（食物和饮料等）。

主办方根据商定的统一标准，承担国际冰联指定的相关人员的费用。商业合作伙伴或主办方邀请的贵宾所产生的相关费用，应由邀请方承担。

由国际冰联和 / 或商业合作伙伴邀请贵宾所产生的有关第三方的费用（餐饮服务）应由主办方支付，然后由邀请方报销。国际冰联和商业合作伙伴应只支付直接来自于主办方的发票。

12 市场营销和广告权

12.1 场馆无广告原则

主办单位有义务在锦标赛开始前 5 天移除所有锦标赛有关场地、设施里的所有广告。

所有与锦标赛有关的场地，包括比赛和练习场地，必须完全没有广告和标识（包括但不限于退役队员的球衣）。主办单位有义务在锦标赛开始前 5 天移除所有锦标赛相关场馆、设施内可见的广告和标识。

场馆应具备免费为商业合作伙伴安装商业广告的能力。

清洁场地规定也包含对比赛场地和练习场地的清冰车的要求，清冰车必须为单一颜色。

12.2 广告政策

所有与锦标赛有关的广告都应符合主办国的法律。主办方必须向国际冰联说明相关法律。

禁止出现任何与政治、种族、宗教、酒精（发酵饮料、啤酒或国际冰联批准的其他烈性酒除外）、烟草和色情等内容有关的广告。任何触碰到道德和伦理问题的组织或产品的广告，需要事先得到国际冰联的书面许可。

12.3 国际冰联商业合作伙伴的独家权利

所有锦标赛的独家新闻、全球市场营销和广告经营权，归属于国际冰联。商业合作伙伴对市场、广告及其他权益的开发，都已得到国际冰联的授权。这些权利主要包括但不限于场地广告、服装和装备广告（适用于 12.8.1 的除外），名称和图案使用权，印刷品、赞助奖品和仪式的使用权，贵宾休息室和顶层包厢的使用权（如果适用），行使特许权、特许经营权、展示权、取样权、陈列权和出售权，以及进一步行使与锦标赛有关的市场营销权或广告权。

商业合作伙伴有权签订相关协议，例如，商业合作伙伴可以授予第三方独家产品种类的独家广告权和供货权。一般情况下，独家广告权适用于赞助商和供应商的产品，同时也适用于与锦标赛有关产品和服务的推广。

12.4 市场营销、广告及馆内销售

12.4.1 冰场周边区域

除非国际冰联另有规定，商业合作伙伴的权利包括对锦标赛场馆所有广告的可能性（无论是声音或视觉）的开发，但不限于宣传产品和/或服务的权利：

- 锦标赛期间冰场周边的板墙广告（包括练习场），不允许在任何高度上使用其他广告板。
- 队员席、记录席和受罚席区域内，条件是广告不妨碍观众观赏视线。
- 在冰面下。
- 场地围墙和看台环绕屏幕。
- 通过在冰面上的投影，前提是比赛已经中断，并且提前经国际冰联和商业合作伙伴协调。
- 通过场地的扬声器，前提是比赛已经中断，在赛前、赛后或局间休息时。
- 在官方计时钟、立方体悬挂屏幕、场地视频屏幕/显示屏、计分板、指示板上，以静态贴纸或电子广告插播形式。
- 浇冰车上（如“Zambonis”）。
- 在场馆内的观众区域（如安全网/玻璃、拉拉队的服装），须经国际冰联批准（包括广告展示用停车平台）。
- 在整个混采区和赛后新闻发布会区域由商业合作伙伴提供的广告背板上。
- 在场地的公共区域进出口位置（如入口和观众区域之间）。

除了商业合作伙伴放置在场内的广告和标识以外，禁止任何其他广告或标识出现，除非逐一经过国际冰联和商业合作伙伴许可。

在每个场馆内，主办方最多可以更换3次冰面下广告。第一次安装和移除冰面下广告应免费，而第二次和第三次应由商业合作伙伴支付费用。但是，其中广告材料的费用全部由商业合作伙伴承担。

应遮盖例如在官方计时钟、立方体悬挂屏幕上面的制造商标识。

球门、防护玻璃和冰场界墙的制造商标志可以在原有位置显示，前提是其尺寸合理且不损害商业附属公司权利。

主办方应出资将浇冰车刷成单一颜色。

场地内任何其他潜在广告，可以经国际冰联批准并授权给商业合作伙伴。国际冰联应及时以书面形式通知主办方相关决定。

12.4.2 场地内的公共区域 / 场馆特许商品零售点 / 特许经营权

商业合作伙伴应在场馆享有所有特许经营权、特许经营权、陈列权、样品试用促销权、展示权和销售权，食品和饮料的常规销售点不包括在内。主办方应在每个场馆内向商业伙伴免费提供充足空间，供其商业附属公司设置资讯展位和展示架。

经国际冰联批准，商业合作伙伴和商业附属公司有权在赛场的公共通道区的空间 [场馆入口处至观众区（包括休息室、座席和冰场）之间的区域] 进行推广活动，例如信息展示、赞助商广告、赞助商样品试用，在促销亭中销售产品。

国际冰联、主办方、商业合作伙伴以及商业合作伙伴为了锦标赛特许经销选择的官方特许经销商，应逐个场馆确认展位和销售台的数量、主要位置（如主入口区），并且考虑到官方特许经销商的合理需求确认所需仓储设施。在锦标赛期间场馆内仓储设施应免费。

国际冰联可以考虑商业合作伙伴关于使用小贩（例如移动摊贩）在现场出售官方特许商品的需求，主办方应遵守国际冰联相关的规定。

装备供应商和商业合作伙伴有权在场馆内出售正版比赛服装和品牌复制品。

12.5 场馆外以及紧邻区域

商业合作伙伴的广告权包括场馆周围的紧邻区域（如空中、场馆墙面、球迷区域等），例如在国际冰联和 / 或主办方控制下且主办方可以免费使用的区域投放广告。在球迷区域的展示和广告，仅限于官方赞助商以及商业合作伙伴使用，商业合作伙伴须在赛事前 3 个月商讨现有的独家权益。

食品和饮料的售卖点不受这个独家权益的限制，但是仍然要得到国际冰联及其商业合作伙伴批准。

12.6 场馆名称

除非国际冰联及其商业合作伙伴书面同意，根据市场营销指南，现有的场馆命名权必须在赛事期间保持中立。

主办方应限制任何把场馆命名权的所有者 / 受让方和锦标赛联系起来的宣传行为。例如，场馆命名权的所有者 / 受让方的商标和样式不得被用作任何与锦标赛有关的目的或者因为锦标赛而使用，包括但不限于新闻发布会、新闻稿、广告、地图、印刷品等。另外，主办方对场馆名称的使用行为都应该采用中立的或者泛化的方式（比如在书面材料中用中立的字眼），以尽可能避免任何场馆命名权的所有者 / 受让方和锦标赛产生联系。主办方要告知场馆方以及场馆命名权的所有者 / 受让方，禁止其和锦标赛建立任何商业联系，因为这种行为可能会构成埋伏营销。

如果场馆命名权的所有者的产品类别，与官方主要赞助商相冲突，场馆命名权的所有者的商标和品牌名称将会在场地被覆盖，并且尽可能避免使用场馆命名权所有者的商标和品牌。

12.7 商业暂停

国际冰联给予商业合作伙伴在所有锦标赛比赛场次使用比赛暂停时间插播商业广告的权利。在每场比赛常规时间，保证商业合作伙伴至少有 2 次（2018 年 3 次）每次最长 70 秒的商业暂停。每场比赛商业合作伙伴最多有 420 秒（2018 年 630 秒）商业开发时间。根据 12.2，商业合作伙伴应免费使用商业暂停时段。

根据《国际冰联运动条例》，主办方必须确保妥善管理商业暂停，特别是比赛控制主体（场内裁判、场外裁判）、电视和 / 或广播投放商业广告的转换时间以及场内比赛进程（吹停比赛和吹哨重新开始比赛）之间的组织化联系。

12.8 队服和头盔

商业合作伙伴已经被授予了利用以下广告机会的独家权利，即在队员和裁判员在所有比赛场次和官方练习期间穿着的队服和装备上进行广告宣传，包括宣传产品和 / 或服务的权利：

- 广告区域在参加国际冰联锦标赛（包括练习）的所有队员的队服双袖上，位于数字号码的上方或者下方，每个尺寸为 22 厘米 ×8 厘米。

· 参加国际冰联锦标赛（包括训练环节）的所有队员的头盔上（守门员面罩除外）有一处广告区域，位于前方，尺寸为 16 厘米 ×5.5 厘米。
· 参加锦标赛的所有裁判员和边线裁判员的服装上有两处广告区域，位于上衣胸前和后背，每个尺寸为 455 平方厘米。
· 参加锦标赛（包括训练环节）的所有裁判员和边线裁判员的头盔有一处广告区域，位于前方或者后方，尺寸为 88 平方厘米。

12.8.1 自 2018 赛季起，参赛队伍通常拥有在所有比赛期间以及官方练习期间队员所戴头盔上的非独家广告权。各参赛队伍必须在锦标赛前的 11 月 1 日之前，向国际冰联及其官方伙伴以书面形式递交相关需求。

由此产生的销售收入归相应国家协会独家所有。

12.9 未来广告的可能性

商业合作伙伴有权使用未来可能产生的、并经国际冰联批准的广告机会，以便为其赞助商和供应商提供与未来锦标赛相关的合适的广告机会。国际冰联已授权该商业合作伙伴进一步开拓市场的机会（例如博彩）。

12.10 餐饮

主办方应尽可能使场馆内的餐饮服务商从已分配到相应产品类别的商业附属公司独家采购其销售的产品，前提是这些产品由商业附属公司以合理的条款交付。

12.11 主办方义务

12.11.1 保证商业合作伙伴权利

主办方要采取所有必要的措施来避免第三方有任何损害国际冰联、商业合作伙伴及其赞助商和供应商的权利的行为。

主办方要采取所有必要的措施来避免第三方有任何损害国际冰联、商业伙伴及其赞助商和供应商的权利的行为。因此，主办方应确保商业伙伴、赞助商和供应商的广告没有被任何人或者物品覆盖，并且其可见度没有任何减少。

特别是主办方应确保在锦标赛期间，场地内所有广告板的公共视野和其在电视摄像头前没有以任何方式被遮挡，尤其是被安保人员或者其他官方工作人员或者摄像师遮挡。

主办方应确保没有媒体人员、商贩、服务员、或其他在场馆内工作或被允许进入场馆的人员展示任何广告材料，除非经国际冰联以及商业合作伙伴批准。

12.11.2 广告的应用

商业合作伙伴应制作广告板并且将它们及时运送至主办地，主办方不承担其费用。

广告（界墙、冰面下广告等）应不晚于锦标赛开始 3 天前在场馆内完成安装。在赛前、赛中、赛后安装（喷涂、固定）、维护以及移除广告均由商业合作伙伴指定的合同方负责。所有相关的费用由各自广告区域的权利持有者承担。

在锦标赛结束后，商业合作伙伴负责移除界墙广告。而冰上部分由主办方负责。

12.12 球迷数据

为了市场营销，主办方应该向国际冰联提供主办方和门票供应商能够得到的所有球迷数据。为此，主办方应该把所有用于市场营销的球迷数据转移给国际冰联，并且与门票供应商通过合同约定将所有球迷数据通过主办方转移给国际冰联，因为如果没有约定，门票供应商可能不会将这些球迷数据转移给主办方。

主办方和门票供应商应该确保：购买门票的人同意进行以上所述数据转移。国际冰联以市场营销为目的使用这些球迷数据，符合所有适用数据保护的法律以及相关法律法规要求。

13 特许和经销权

全球独家特许经销权和其他许可权属于且必须属于国际冰联。

13.1 赞助商和供应商合同

商业合作伙伴被授予了拥有就锦标赛组织工作有关的设备和服务与供应商进一步签订合同的特许权利。这些提基于主办方的要求而提供的设备和服务（以下简称为“组织设备”）包括但不限于：汽车、复印机、计算机硬件、摄像机、DVD 播放机、DVD 光盘及饮料。

13.2 组织设备

13.2.1 主办方需求

在锦标赛之前，商业合作伙伴将与国际冰联和主办方及时确认具体需求。

主办方和国际冰联可以要求商业合作伙伴发布最多 10 个产品类别，以便在支付合理报酬后签订供应商合同。该需求必须在锦标赛前不晚于 9 月 30 日提出。此类产品类别发布应以主办方和商业合作伙伴之间的单独协议为准。但是，为免生疑问，商业合作伙伴在此期间没有义务发布任何产品类别。

商业合作伙伴应在锦标赛前不晚于 9 月 30 日向主办方和国际冰联提供一份供应商合同清单（包括产品类别），明晰主办方在该供应商合同中的权利。为了完成供应商合同中的主办方需求，至开赛前的 10 月 1 日，商业合作伙伴应发布没有包含在上述清单内的最多 10 个产品类别。该产品类别的发布，应该符合主办方和商业合作伙伴之间单独的协议。

13.2.2 车辆和复印机

在机动车和复印机类别中，商业合作伙伴有权但不是必须与主办方和国际冰联协调、就这两个产品种类与供应商达成协议。如果到相应锦标赛前的 12 月 15 日未达成该协议，商业合作伙伴有义务在世界冰球锦标赛期间提供最多 40 辆车和最多 20 台打印设备。

13.2.3 主办方的供应商合同

任何主办方和供应商之间的供应商合同，都应事先征得商业合作伙伴的书面批准。

13.2.4 商业合作伙伴供应商

主办方负责在锦标赛结束后 4 周内归还商业合作伙伴和商业附属公司为锦标赛组织工作而提供的所有设备。主办方将对因供应商材料的任何延误、损坏、滥用或不当处理而造成的任何损失或费用负责。

13.2.5 国际冰联装备供应商

只有国际冰联有权指定装备供应商。

13.2.6 产品使用

主办方应使用商业附属公司的产品和 / 或服务，并不使用任何与其竞争的产品和 / 或服务。然而， 如果无法与某一特定的商业附属公司就合理的供应和服务条款达成一致，主办方有权从第三方获得此类产品和服务，但前提是，此类供应商不得利用与锦标赛、IIHF 或主办机构有关的任何商业协会、官方身份或任何其他身份证明。13.2.1 中规定的基本原则在这里适用。

主办方应确保在锦标赛期间不在场馆使用、展示或者放置任何除了商业附属公司和当地供应商品牌以外的，带有可见品牌名称、商标、标志、服务标记或者设计的产品。如使用其他品牌，需经国际冰联和商业合作伙伴协调后书面批准。

13.3 锦标赛官方标识

13.3.1 商业伙伴权利

商业合作伙伴被许可拥有非独家使用受保护的各类锦标赛标识（标识、吉祥物、颜色、字体、音乐等）的权利，并用于商业开发以及达成相应协议。主办方应与国际冰联以及商业合作伙伴合作设计该标识。国际冰联以及商业合作伙伴应就登记、保护、使用该标识达成一致，并且承担费用。

13.3.2 主办方权利

如果主办方被授予设计锦标赛标识的权利，由此产生的任何相关费用将由主办方承担。主办方应确保该标识中不包含已付费或未付费的广告。

主办方应知晓，国际冰联可能不会授予主办方任何出于商业目的而使用其标志［包括“（年份）国际冰联世界冰球锦标赛”字样］的权利。除非有商业合作伙伴事先书面同意，否则该使用权可能因为与国际冰联提供的锦标赛形象指南不相符而被拒绝。

国际冰联以及商业合作伙伴应合作执行锦标赛形象指南，该指南将规定锦标赛的商标和标识（包括所有的图像元素、印刷品、场馆装饰、标志等）。主办方应遵守这些锦标赛形象指南。

出于宣传推广锦标赛的目的，主办方有权生产、分发（但不允许出售）一些赠品，比如一定限量的胸针或钥匙链。赠品的生产（样式、质量、数量等）必须事先得到国际冰联和/或其商业合作伙伴的批准。

13.3.3 官方吉祥物

商业合作伙伴已被授权在锦标赛之前及比赛期间设计、生产、推广和销售官方吉祥物。

主办方必须遵守商业合作伙伴关于吉祥物使用的规定，并遵守关于分配吉祥物使用权的程序。

13.4 印刷材料

13.4.1 概述

所有的印制宣传材料以及与锦标赛有关的产品（如锦标赛标志和官方吉祥物）必须包含锦标赛的官方名称、国际冰联标识（标志）和官方主要赞助商的标志，国际冰联和商业合作伙伴另行规定的除外。在开始生产此类材料和产品之前，国际冰联和商业合作伙伴有权批准所有此类材料和产品

13.4.2 商业伙伴权利

商业合作伙伴已被授权出于广告宣传目的而出版自己的与锦标赛有关的印刷材料。

商业合作伙伴有权向其合同伙伴授权，提前进行与锦标赛相关的适当宣传。该权利应限于合同伙伴作为赞助商和/或合作伙伴状态的特定条件。

商业伙伴有权在主办方的印刷材料上免费显示其商业附属公司的名称、

标志、徽标或任何其他标识，相关规定如下：

- 如果制作官方秩序册，此内容在官方秩序册中最多占 15 页。根据商业合作伙伴要求和支付成本可增加额外的页面。
- 在官方海报上。
- 在锦标赛相关的认证卡和其他官方身份证件（如工作卡、授权卡等）上，只要技术上可行。
- 在锦标赛入场门票上，前提是技术上可行。主赞助商的标志应显示在每张票的正面，与相同尺寸的国际冰联标志和赛事标志一起显示。
- 在所有与锦标赛有关的印刷品（如复印件、信纸抬头、资料夹、新闻资料、小册子、邀请函、排名名单、简报、期刊、出版物等）上。
- 上面的规则同样适用于其他推广（例如公共汽车、电车、汽车、出租车等公共交通或公告牌、LED 牌等）。

所有与锦标赛印刷品相关的事项均应符合市场营销 / 赞助指南，并由主办方事先获得国际冰联及商业合作伙伴得批准。

13.4.3 国际冰联权利

国际冰联有权在所有国际冰联锦标赛秩序册中免费使用最多 5 页，用于其公共关系和信息传播。

13.5 特许经销权

13.5.1 商业合作伙伴特许经销权

商业合作伙伴已获得除 13.2 所涉及的组织装备以外，任何产品类别的，对锦标赛特许商品进行开发、制造、营销、分销、推广、销售和宣传的独家权利（该权利包括商业合作伙伴开发、制造、营销、分销、推广、销售和宣传非品牌复制品的权利，不包括非品牌复制球衣）。商业合作伙伴同时获得了生产、分销和销售有锦标赛官方标志纪念品（纪念章、T 恤衫、帽子、围巾、吉祥物、冰球等）的权利 。

13.5.2 推广使用锦标赛特许商品

商业合作伙伴应在主办方要求下向其授权使用锦标赛特许商品，用于非商业的程序和推广目的，前提是这些产品不用于转售。但是，主办方有义务订购和/或拥有官方特许经销商生产的锦标赛官方特许商品。商业合作伙伴应以书面形式要求官方特许经销商，以优惠价格向主办方提供锦标赛官方特许商品。此外，主办方的任何锦标赛特许商品分配安排，都应经过商业合作伙伴批准。

13.5.3 主办方的特许经销权

- 商业合作伙伴允许主办方设置单个主办方特许经销计划，并依据以下条款使用标志：主办方特许经销计划条款，由国际冰联代表大会向主办方分配的日期，最迟为赛事开始前的12月1日。主办方需确保该条款结束后主动召回产品，以确保在赛事开始前的12月1日官方特许经销商的唯一性。
- 地域限制：主办方特许经销项目应被限制在主办国内。
- 特许经销商品：在开始计划生产之前，所有特许经销商品的质量、设计和数量，都需要事先获得商业合作伙伴对于的书面批准。为了官方特许经销商的商业排他性，以下核心商品不在主办方商品特许经销计划以内：吉祥物、任何形式的服装、纪念章和冰球。
- 营收和支出：主办方有权保留所有来自主办方特许经销项目的收入。主办方应承担所有与主办特许经销项目有关的费用。

13.6 官方名称

商业合作伙伴已获得持有、营销和销售以下官方头衔的独家权利：

- 官方主赞助商。
- 官方赞助商。
- 官方服装。
- 官方合作伙伴。
- 官方供应商。
- 官方支持者。
- 官方产品和/或服务。
- 官方许可方。
- 官方计时员/计时服务。
- 官方转播方。

- （公司）大奖。
- 其他类似的名称。

13.7 赞助奖杯和奖项

商业合作伙伴有权利和义务安排其商业附属公司在世界冰球锦标赛每场比赛结束时，向每支球队最佳队员颁发奖品。进行颁奖的商业附属公司有权制作用于颁奖典礼的地毯 / 冰面覆盖物。商业伙伴应向国际冰联咨询，是否在锦标赛的不同阶段颁发不同的奖项。

13.8 胶卷、录像带和磁带的权利

商业合作伙伴已获得生产、制作或转让与锦标赛相关的胶卷、录像带、磁带、音频光盘、视频光盘，以及其他声音、视觉和 / 或声音视觉载体有关的独家权利，不论其应用模式或存储 / 记录方法。同时，商业合作伙伴还具有开发视频游戏的权利。

13.9 新媒体和附加权利

13.9.1 国际冰联和商业合作伙伴的权利

多媒体的权利，如对关于锦标赛的任何内容（通过电话、网络流媒体、手机短信、手机网络等现在和未来线上 / 线下服务等社交网络，或其他数字平台）进行报道播放的权利，全部属于并且应该属于国际冰联所拥有，并授权给商业合作伙伴进行开发。

13.9.2 网站页面

在国际冰联的领导下，国际冰联和商业合作伙伴与主办方共同运营和维护唯一的世界锦标赛官方网站。

在确定锦标赛举办地点之后的 6 个月内，主办方应联系国际冰联，以获得世界锦标赛官方网站的相关指南，其中包括下列规定：

- 国际冰联和商业合作伙伴应提供主页的设计。
- 官方网页至少提供英语和主办国家语言版本。未经商业合作伙伴和国际冰联书面批准，不得在网页上刊登广告。
- 网页上应包含商业合作伙伴赞助商和合作伙伴的标志，位置和大小应经过商业合作伙伴批准。

· 所有可编辑内容（文本、图片、视频）必须由主办方提供并承担费用，在发布前必须经过国际冰联批准。

· 官方特许经销商有权在每届锦标赛赛事官方网页设置链接直接跳转到其在线商城。

· 网址由国际冰联提供和注册。

14　赛事转播

所有赛事播放权属于并且应该属于国际冰联。

14.1　商业合作伙伴的独家权利

商业合作伙伴已被授予了使用不受限制的技术手段（包括通过电视 – 卫星直接传送、卫星 – 有线、电报、有线或无线(无线电报)、闭路电视、付费电视、计费播放、点播，或其他任何用于传输的未来技术体系（模拟或数字），供私人观看或向公共的国家电视和/或电台进行传输供公众观看），通过现场直播或电视或广播录制，对锦标赛的全部或部分赛事在全世界范围进行独家转播的权利。

除上述的转播权包括安排必要转播及信号制作的权利或使转播及信号制作被安排的权利，还包括开发或利用电视赞助、电视插播和电视图像叠加（透明、不透明、全部或部分的屏幕图形/广告）的权利，以及将“虚拟”（非真实存在于冰场中）的广告板插入电视信号中的权利。

主办方不得利用或授权给任何第三方，以传播为目的制作（传输）和/或转播不论时间长短的全部或部分锦标赛比赛的电视和无线电信号，包括但不限于摘要、节选、新闻报道、专题片等。

14.2　商业合作伙伴义务

商业合作伙伴有权并有责任根据国际标准提供锦标赛所有比赛的电视信号。商业合作伙伴应确保场馆之间的实时信号传输，并提供该信号给场馆内转播车使用。

14.3　比赛日程

主办方必须按照细则616和《国际冰联运动条例》为锦标赛准备比赛日程。比赛日程应在不晚于锦标赛前的7月31日经过国际冰联、参赛队伍和商业合作伙伴批准。

锦标赛四分之一决赛和半决赛可以得到灵活的安排，以保证能够随时将下午的比赛调整至晚间或将晚间的比赛随时调整至下午，同时，这些调整不需要与参赛队协商。

因此，四分之一决赛和半决赛的门票不应该指定任何比赛对阵。

主办方必须知晓任何由国际冰联根据其与主办方密切合作的商业合作伙伴及其电视需求而批准的赛程变化。

14.4 主办方义务

14.4.1 概述

为了完成锦标赛的专业新闻报道和传播，主办方必须完全遵守国际冰联，特别是播放指南中列明的有关技术设施、设备、服务和基础设施的所有要求。主办方应确保场馆的控制主体可以满足这些要求。为此，主办方与场馆控制主体之间应就播放指南的相关规定达成协议。

14.4.2 电视基础设施

主办方与国际冰联和商业合作伙伴达成协议，必须免费提供指定电视相关基础设施，如电视转播车、节目制作卡车和其他技术车辆所需空间，以及这些规定中列明的、为了满足电视播放和广播功能所需的适当设施。

· 摄像机位置

每个场馆应提供：

——一个可放置 6 台摄像机的主摄像机平台，在冰面以上中心位置，有合适角度可以制作国际标准的电视信号。

——根据商业合作伙伴要求的不限量的摄像机平台（包括但不限于冰场角落、反角度、超慢镜头、球门后等）。

——在球门上方（赛事需要）和冰面中心（仅限于锦标赛）上方的顶棚摄像机安装支架。

——确保摄像人员的工作环境不受干扰，并采取适当的安保措施。

· 数据 / 统计数据

来自国际冰联数据系统，提供给转播方（电视和广播）图形系统和评论员。

· 工作室

每个场馆应提供充足空间：

——在观众座席区内提供 2 间工作室，每间大小约 30 平方米（不超过 50 个座席），在评论员位置区域和/或记者席以内，或者在这些区域旁边。

——如有需要且条件允许，可免费在观众座席区以外提供额外工作室；如有需要且条件允许，也可有偿在观众座席区以外提供额外工作室。

—— 6 个 1.5 米 x 2 米、面向冰面、有良好视野的电子新闻采集位置（用作站立位置或小型工作室）。

· 制作办公室

在每个场馆内应有足够数量的房间供播放团队、票务预定办公室和额外的工作室使用；如果无法满足，应在紧邻该场馆的集装箱内提供充足空间。

· 电视综合制作中心

紧邻每个场馆且距离场馆内制作中心最近的位置应有充足的空间，供电视信号传输车、电视和广播制作车及其他所需的技术车辆（PTT 等）使用。电视综合制作中心的大小不应超过 2000 平方米。

· 综合卫星新闻采集区域

每个场馆周围应有足够空间，供车量与最近的电视综合制作中心连接电视信号。该区域的位置应满足转播方的需求。综合卫星新闻采集区域的大小不应超过 500 平方米。

· 布线

每个场馆内的电缆应供所有转播设备使用。依据场馆安全证书，要求自己准备电缆的转播方有权安装并且使用自己的电缆系统，前提是经过有资质的即被颁发场馆安全证书的机构检查和认证。

在锦标赛开始前，为了准确无误地完成技术设备安装，主办方必须提供所需的任何必要条件，并负责场馆内外全套电视设备的安保。

14.4.3 混合采访区

在国际冰联通知的情况下，主办方根据以下优先顺序控制某些特殊通行人员进入混合采访区：

1. 主办转播方。

2. 来自参赛队伍本国的电视机构。
3. 来自参赛队伍同一组队伍国家的电视机构（先到先得）。
4. 其他参赛队伍、其他组别队伍国家的电视机构（先到先得）。
5. 其他电视机构（先到先得）。

主办方将协助按该顺序执行。混合采访区应摆放由商业合作伙伴提供的赞助商背景板，并提供监视器显示比赛实况。

国际冰联和商业合作伙伴应批准与混合采访区有关的所有其他细节。

14.4.4 快速采访区

每个场馆在比赛区域附近应有足够的空间以授权转播方在局间休息时对队员进行快速采访（不超过 90 秒）。

快速采访区应放置赞助商背景板。

14.4.5 母带

国际冰联锦标赛各站比赛的母带 / 视频光盘为国际冰联财产，并将通过商业合作伙伴送达。

14.4.6 所有进行中的比赛传输

主办方应在媒体中心、更衣室、贵宾休息室、国际冰联和商业合作伙伴办公室提供充足的电视显示器，显示所有场馆内正在进行的比赛。商业合作伙伴应根据上述情况，免费向主办方的电视显示器提供电视转播车的实时信号。

15 媒体

15.1 媒体中心和记者席位

15.1.1 媒体中心

主办方有义务根据国际标准提供媒体中心，但不限于 4.2.15 关于设施的规定。

媒体中心的开放时间，应从当天第一次冰上练习或当地时间 9:00 开始，直到当天最后一场比赛结束后的 2 小时或当地时间的 24:00。

根据 13.2.1，主办方应在锦标赛开始前 12 个月向商业合作伙伴明确所需的设备和服务。

媒体中心应安装空调和供暖设备，并为最多 300 名经认证的平面媒体记者提供配备电话、电源插头和互联网连接的工位。应安装至少 4 台能实时转播正在进行的比赛的电视显示器，还应配备数量充足的电话、传真机和互联网终端机，供经认证的媒体代表使用。媒体中心还应提供一个功能完善的服务台，能够提供快速连接服务，收取线路及传输费用，提供互联网接入、复印服务，以及手机和互联网连接。

15.1.2 新闻发布厅

主办方应提供可容纳 200 人的国际标准新闻发布厅。新闻发布厅应配备一个讲台、至少五个麦克风（供发言者和媒体代表使用），并在讲台对面设置电视摄像台。主办方应为新闻发布会提供助理，助理应配备无线麦克风，以便在新闻发布会上迅速地将麦克风传递给媒体代表进行提问。发言者讲台应放置商业合作伙伴提供的赞助背景板。

15.1.3 信息服务

主办方应向经认证的媒体代表提供有锦标赛信息的系统。信息服务由在媒体中心工作的助理提供，或通过媒体中心的自助服务获得，如电脑资讯站、比赛信息箱等。

15.1.4 复印中心

主办方应提供一个复印中心，配备速印机（每分钟至少 50 份），并配有分类和装订功能。

15.1.5 媒体的自助餐厅

主办方应在媒体中心内部或附近设置快餐厅，以合理的价格提供食物和饮料，包含热餐。

15.1.6 主赞助商附属新闻中心

主办方应在商业合作伙伴的要求下，为主赞助商提供空间作为主赞助商附属新闻中心。附属新闻中心应位于媒体中心附近，其家具、装饰和设备由商业合作伙伴提供。

15.1.7 摄影

在比赛中使用频闪灯设备拍照的权利，必须经国际冰联批准。场馆内最多可安装 2 套频闪灯，并且必须经过测试，满足摄影师、主办方和国际冰联的要求。

15.2 媒体席位

15.2.1 平面媒体记者媒体席位

根据 4.2.15，观众区域的媒体看台，应尽可能配备至少 300 个有电力和电话插头的写字台。 媒体必须在锦标赛开始前 3 个月，订购特殊的、连接到座席上的电话线和互联网连接，并为其支付各自的费用。

15.2.2 评论员位置（电视及广播）

主办方应向与商业合作伙伴签订合同的电视公司和广播电台提供评论员位置。

评论员位置由 6 个座席组成（3 个宽座席，3 个座席安装桌子），相互之间通过小塑料挡板分开，位置上安装必要的功能设备，包括但不限于可用的电源、电话线、一个根据国际标准用作数据统计的电脑。不过，电视显示器将通过商业合作伙伴免费提供给主办方。必须预先订购特殊的连接到座席上的电话线和互联网连接，并由各自电视公司和广播电台支付费用。因转播技术变化产生的新需求，应经过国际冰联批准。

商业合作伙伴应在锦标赛开始前 3 个月向主办方提供播放需求清单。

16 数据统计和锦标赛文件

16.1 国际冰联数据统计系统

为了使用国际冰联数据统计系统，要求主办方根据 Hydra 系统需求提供：

- 两个Hydra场馆服务器之间的专用永久性同步光纤电缆连接(100 MB/s)，以实现流畅的数据同步。该连接可同时作为电视信号备用线。
- 在每个场馆的计时席中设置一部专线电话和连接互联网的局域网或广域网连接。插头的位置应在计时席内，或者非常靠近计时席并对冰面拥有良好视野。
- 适当的硬件（包括笔记本电脑和 A4 打印机）以及对操作人员进行适当的培训。主办方将从国际冰联获得运行数据统计系统必要的软件，将其链接到国际冰联网页。
- 评论员区域至少有 12 个座席且有互联网连接。
- 队员席侧面最少有 4 个额外的座席，且对冰面和计时钟无视野遮挡。

16.2 比赛视频光盘或 U 盘

主办方应使用数字拷贝记录锦标赛所有比赛。主办方应确保将影像的所有权利（版权等）提供给国际冰联，并向国际冰联提供所有比赛的数字拷贝。每支参赛队伍应免费获得自己比赛的数字拷贝，并有权以非商业目的使用这些数字拷贝，比如作为技术指导资料。每场比赛后，应向国际冰联裁判监督提供一份数字拷贝副本，用于复核和培训。主办方应以适中价格为参赛队伍制作所有比赛的数字文件。

16.3 最终文件

锦标赛结束后，主办方有义务提供完整的数据统计文件和基本信息（简称“最终文件”）。

主办方应在锦标赛结束后 14 天内，向各参赛国家协会以及国际冰联办公室发送一份最终文件副本。如有可能，最终文件应以数字拷贝形式分发。

国际冰联最终文件必须至少包含以下内容：

- 执行委员会和/或组织委员会成员名单。

- 名誉主席，名单如果设立。
- 锦标赛竞委会的人员和助理官员（裁判监督、医疗和兴奋剂监督、首席统计员和记录秘书）名单。
- 裁判和场外裁判名单，包括但不限于裁判员、边线裁判员、监门员、视频监门员、官方记录员、助理记录员、计时员、记罚员、官方宣告员和数据统计员。
- 每支参赛队伍的注册队员和官员名单。
- 有比赛结果和最终排名的比赛日程表。
- 队伍数据统计表。
- 个人数据统计表。
- 每场比赛/本次赛事的获奖队伍和队员名单。
- 附裁判员比赛报告的国际冰联官方比赛记录表。
- 经认证的新闻记者、电视和电台记者、摄影师和摄像师的名单。

16.4 国际冰联档案文件

下列文件原件必须在锦标赛结束后 7 天内提交至国际冰联办公室：

- 由竞委会控制和签署的个人队员报名表。
- 队伍官员名单。
- 国际冰联官方比赛记录表原件，附最终比赛报告和签名原件。
- 低年龄队员的负责声明。
- 特殊会议的记录或所有竞委员会会议的纪要。

为了国际冰联存档，主办方有义务向国际冰联发出至少 5 份带有锦标赛标识的官方海报、硬币、比赛秩序册、比赛门票、官方徽章、三角旗、冰球和其他类型的纪念物。

16.5 对锦标赛组织的评价

主办方有义务根据国际冰联分发的指南和表格，在锦标赛之后进行评估和汇报。此外，主办方应与未来的主办方、国际冰联、国际冰联商业合作伙伴协作，将组织锦标赛的经验传递给未来的主办方。主办方应参与锦标赛发展小组的工作，与国际冰联合作在赛事期间组织观察员实地考察，并根据 16.5 和 2.7 要求填写所需的纸质文件。

17 保险

17.1 赛事取消和放弃险

主办方应自费向国际标准认可的承保人投保综合保险，确保并维持所有超出主办方或国际冰联控制能力，因被保险事件（全部或部分）的取消、放弃、延期、中断、缩短或改变地点而导致的，可查证的净财务损失（收入、费用），有保险进行赔偿。

17.2 一般第三方责任保险

17.2.1 主办方应自费向国际标准认可的承保人投保，确保并维持全面的第三方责任保险，为每个事件可能发生的身体伤害、财产损失和 / 或经济损失投保足量的最低金额。主办方应确保国际冰联在一般第三者责任险中被指定为附加被保险人。

17.2.2 主办方应获得综合保险，除非国际冰联在主办国合同和 / 或保险指南中单独说明。

17.3 其他保险

主办方应根据《国际冰联保险指南》，自费投保其他被视为必要的险种。

17.4 保险 —— 一般条款

17.4.1 所有主办方（如适用，第三方如场馆所有方 / 管理方）执行的保险政策应不可撤销，并应覆盖赛事后续流程工作。保险政策应当尽早订立。

17.4.2 为国际冰联世界冰球锦标赛拟定的保险政策，应提前经国际冰联书面批准。国际冰联可能要求对拟订的政策进行合理的修改或修正，主办方有义务执行该要求。

所有保险政策必须以英文形式尽早提交至国际冰联，且不应晚于国际冰联世界冰球锦标赛开幕赛前的 6 个月。

17.4.3 这些规定在相关的《国际冰联保险指南》中有详细说明，对主办方具有强制性。

17.5 官方参与者

17.5.1 根据国际冰联章程、细则和锦标赛条例，成员国协会及其锦标赛参赛队伍应自费为其队员和参赛官员投保，确保并维持所有必要的健康险和人身意外保险覆盖其参赛队员和参赛官员。

17.5.2 每个成员国协会必须根据国际冰联要求，在它的代表队到达锦标赛举办地时，用国际冰联的官方语言向国际冰联提供涵盖其队伍的书面医疗保险证明文件。如果该成员国协会未满足该要求，主办方与国际冰联配合，必须根据国际冰联章程、细则、规则和锦标赛条例为其安排必要的健康保险。国际冰联应为主办方承担上述保险费用，并应将所述健康保险的费用从该成员国协会参加锦标赛的款项中扣除。

17.5.3 国际冰联建议，每个成员国的协会应自费投保，确保和维持全面的第三方责任保险。

18 安保

18.1 场馆安保和防护

主办方应为控制进出场馆和观众区域座席提供充足的安保。主办方应与当地警察和消防部门密切合作，制订安保计划。该计划应为英文，并且包含针对特殊政治情况、危险群体、炸弹和类似威胁的情况的预案，以及为高级别贵宾、队员和国际冰联官员、合作伙伴和客人准备的紧急疏散预案。

在练习和比赛期间以及开始之前，主办方必须为队伍和办公区域提供充足的安保。如果发生事故， 主办方可能负有责任。

主办方必须为场馆内部和外部整套已安装的电视设备提供 24 小时安保，并且在场馆外为电视综合制作中心提供 24 小时安保和进出控制。

18.2 进出锦标赛酒店

主办方应确保媒体和球迷对国际冰联指定的队员酒店的访问被严格控制，并确保酒店提供充足的安全保障。

18.3 进出冰面

主办方应采取一切合理措施，确保任何时间都没有未经授权的人员出现在冰面上。

18.4 安全认证

主办方负责确保，在锦标赛开始前获得场馆及其设备运营所需的、以及公众和雇员任职所需的全部安全认证。

19 国际冰联代表大会

19.1 概述

国际冰联代表大会年会每年在国际冰联世界锦标赛期间组织召开，通常持续大约 3 天。如果国际冰联代表大会年会将在世界锦标赛期间举行，主办方必须根据《国际冰联代表大会指南》组织会议，并按要求向代表大会代表提供服务。

世界锦标赛前的国际冰联代表大会半年会由国际冰联组织，由各自的主办方出资，以承担《国际冰联代表大会指南》中明确的运营责任。

19.2 国际冰联代表大会指南

主办方应根据《国际冰联代表大会指南》，从代表大会开始之日前两天起，直至代表大会结束，提供与代表大会有关的设施并且满足相关要求。主办方应提供以下内容：

- 可容纳约 200 人的会议室。
- 讲台，有 14 个座席的论坛桌及 14 支麦克风供理事会使用，在秘书长的椅子后准备一张空桌子。
- 英语、德语和俄语同声传译设备。翻译人员将由国际冰联提供。
- 观众席使用的 4 支麦克风。
- 背面投影的屏幕。
- 悬挂投影仪。
- 通用的视频放映系统。
- 为使用电脑进行演讲准备投影工具。
- 茶歇期间的饮料和零食。

20 制裁

20.1 国际冰联纪律委员会

锦标赛竞委会主席必须报告任何侵犯国际冰联和/或其合作伙伴，或者国际冰联商业合作伙伴权利的行为，该问题可能提交至国际冰联纪律委员会。

20.2 撤回主办权/取消锦标赛

如果主办方未履行其举办和组织锦标赛的承诺，主办方将被国际冰联处以100万瑞士法郎的罚款，遇不可抗力除外。

罚金不限于国际冰联和/或国际冰联成员国协会因撤回主办权或已确认参赛而提起赔偿的权利。

此外，如果在主办方用尽所有可能的补救措施后，国际冰联理事会认为：

1. 主办方从根本上违背了主办国合同。
2. 主办方没有能力根据主办国合同履行其义务。
3. 主办方未能满足被授予主办权的任何实质性先决条件。
4. 队员、官员、前来的观众和媒体的福祉、安全或行动自由受到质疑。

那么，国际冰联理事会有权从主办方处收回主办权，并将锦标赛交回国际冰联，不承担对主办方的赔偿，并有权根据代表大会核准将锦标赛分派给另一成员国协会。

如果主办成员国协会已建立了一个独立的实体负责组织和主办锦标赛，该主办方的所有责任，应由主办方及其各成员国家协会共同承担。

20.3 未履行主办义务

如果主办方未能按照主办国合同、国际冰联章程和细则、《国际冰联锦标赛条例》《国际冰联运动条例》《国际冰球联合会官方规则》，以及与组织锦标赛有关的其他条例和指南所规定的权利和义务履行组织锦标赛的承诺，国际冰联应有权依照以下程序自主对主办方处以最高10万瑞士法郎的罚款。

程序

所有违反与组织锦标赛相关的主办国合同、国际冰联章程、细则、条例的情况：①如果在锦标赛期间发现，将立即报告给竞委会主席；②如果在锦标赛之前或之后发现，将立即报告给国际冰联秘书长。如果竞委会主席或者秘书长确认发生了违规，将立即要求主办方予以改正，并且用以下方式施加罚款。

罚款

罚款是累计的，也就是说，每项违规将被单独评估并施加相应的罚款。如果主办方竞标展示中的事实发生了任何形式的变化，或者没有坚持国际冰联的时限，也适用同样的规则。

第 1 次违规	500 瑞士法郎
第 2 次违规	2500 ~ 8000 瑞士法郎
第 3 次违规	3500 ~ 12000 瑞士法郎
第 4 次或 4 次以上违规	4500 ~ 15000 瑞士法郎

国际冰联罚款金额变动，取决于组委会违规的行为或者造成的损失是否可以补偿，以及是否首次违反此类规定。

根据国际冰联章程 25，所有处罚均可以根据国际冰联纪律准则向国际冰联纪律委员会提起上诉。

20.4 未履行参赛义务

如果参赛成员国家协会未能按照锦标赛有关的队伍录入表、国际冰联章程、细则、条例、指南所规定的权利和义务履行参与锦标赛的承诺，除非在这些文件中另有规定，国际冰联有权依照以下程序自主对参赛成员国家协会处以最高 2 万瑞士法郎的罚款。

程序

所有违反与组织锦标赛相关的主办国合约以及国际冰联章程、细则、条例的情况：①如果在锦标赛期间被发现，将立即报告给竞委会主席；②如果在锦标赛之前或之后被发现，将立即报告给国际冰联秘书长。如果竞委会主席或者秘书长确认发生了违规，将立即要求主办方予以改正，并且用以下方式施加罚款。

罚款

罚款是不累计的，也就是说，每项违规将被单独评估并施加相应的罚款。

第 1 次违规	警告或 500 瑞士法郎
第 2 次违规	100 ~ 4000 瑞士法郎
第 3 次违规	1500 ~ 6000 瑞士法郎
第 4 次或 4 次以上违规	2000 ~ 8000 瑞士法郎

国际冰联罚款金额的变动，取决于参赛成员国家协会违规的行为或者造成的损失是否可以补偿， 以及是否首次违反此类规定。

根据国际冰联章程 25，所有处罚均可以根据国际冰联纪律准则向国际冰联纪律委员会提起上诉。

21 主办国际冰联世界冰球锦标赛甲级组的规定

主办国际冰联世界冰球锦标赛甲级 A 组和 B 组（锦标赛甲级组）比赛，以下的条款将取代《国际冰联锦标赛条例》中 1 ~ 20 的相应条款。《国际冰联锦标赛条例》中未在以下列出的其他条款，同样适用于锦标赛甲级组的主办方。

3.1.1 概述

除以下项目之外，主办方对来自锦标赛的全部收入有所有权：

· 国际冰联和其合作伙伴，比如商业合作伙伴，进行商业开发获得的收入。

主办方可以购买或者被国际冰联和 / 或商业合作伙伴授予额外的权利。购买此类权利产生的收入，应由国际冰联和 / 或商业合作伙伴逐一确认后进行分配。

3.1.2 组织费用

不适用。

4.2.4 场内裁判更衣室

裁判员、边线裁判员和他们的替补裁判员统称为“场内裁判”，在每个场馆应为其配备更衣室（至少 20 平方米，带有淋浴和卫生间）。如果一天之内在同一个场馆有两场或更多比赛，在国际冰联要求下，应为场内裁判提供两间更衣室。裁判更衣室应配备有线网络连接和有所有场地全部比赛实况信号的电视。应为场内裁判提供指定的热身区域（靠近裁判更衣室）。

应在场地或酒店为场内裁判提供烘干设备。

4.2.4.1 场内裁判更衣室和烘干室设备与服务

组委会必须为场内裁判提供以下服务：

· 装备和维修服务。
· 磨刀服务。

- 干洗服务（包含洗衣袋），用于每场比赛和练习之后清洗服装和贴身衣物，最好在场馆内部。
- 比赛场次之间对更衣室进行清洁打扫。
- 6 条浴巾（供 4 名裁判加 2 名替补裁判使用）和局间使用的 6 条毛巾。
- 个人清洁用品，如洗发水、护发素、发胶、香皂、漱口水和手帕。
- 更衣室配备饮料[瓶装水(密封)、瓶装能量饮料(佳得乐或类似的饮品)、咖啡/茶，包括牛奶和糖]。
- 更衣室配备零食（水果拼盘：香蕉、苹果、橙子等）、能量棒和口香糖。

场内裁判更衣室应该备有以下物品：

- 冰箱。
- 可能用到的个人卫生用品，如餐巾纸和卫生纸。
- 足够 4 名场内裁判和两名替补裁判使用的装备间。
- 1 张桌子。
- 1 台电视显示器，可以看到视频监门反馈。
- 1 台咖啡机。
- 电源插座。
- 与比赛计时钟连接的时钟，用于赛前和局间倒计时。
- 衣架。
- 4 把椅子。

场内裁判烘干室应该有以下设备：

- 两个电源插座。
- 足够的衣架。
- 电加热器。

4.2.5 队服服务中心

不适用。

4.2.9 竞委会会议室

主办方应提供一间足够大的会议室用于竞委会召开会议，配备家具和设施（带有录像机的电视、挂纸板、投影仪），容纳约 15 人的 U 形排座。还应为每支队伍、竞委会成员以及监督提供邮件箱和信息箱，将其设置在会议室内或会议室附近。会议应提供饮料和零食。

第一次竞委会会议当天，应额外安排 2 间房间，布置成教室形式，每间容纳约 10 人，可用于同时召开医疗团队会议和队伍规则信息会议。

4.2.10 国际冰联工作人员办公室

主办方必须为工作人员提供最多 3 个工位（包含免费网络连接），配备必要设施， 如电话、复印机和打印机。

国际冰联工作人员办公室应配备 1 台电视机，可以实时观看所有场地内正在进行的所有比赛。

4.2.11 国际冰联认证办公室

不适用。

4.2.12 国际冰联监督办公室

不适用。

4.2.13 国际冰联官方网站工作人员

主办方应在每个场馆内为 1 位代表国际冰联工作的人员提供工位，用于维护比赛的官方网站。办公空间应配备 1 条高速网络连接线路。

4.2.14 国际冰联摄影师办公室

不适用。

4.2.15 媒体服务

主办方应根据以下第 15 章提供媒体服务，包括提供以下设施：

- 媒体中心，为最多 50 名经授权的记者提供方便办公的房间或者帐篷。
- 媒体座席，每场比赛在每个场馆观众席有 50 个座席，提供给 50 位平面媒体人员。整个比赛期间位置应该固定，并且已考虑媒体设备所占空间，且提前经过国际冰联批准。

- 每个场馆每场比赛在观众席为 15 个评论员安排 60 个座席，集中在主要摄像平台的同一侧。座席安排应保持不变，并尽可能靠近冰面中央区域。每个评论席位必须配备 3 个座席、1 张桌子和必要设备，如 15.2.2 所述。
- 新闻发布室，最多可容纳 50 人的独立房间用于新闻发布会（在隔音的位置）。
- 混合采访区，在场馆内尽可能靠近队员更衣室和新闻发布室的开阔区域，用于媒体采访。混合采访区应足够容纳所有感兴趣的媒体代表，并确保其可以轻松出入媒体区。该区域应分成三部分，①电视区；②广播区；③平面媒体区。以相应顺序依次靠近队员。
- 复印中心，独立的办公室（至少 20 平方米），尽可能靠近媒体中心和比赛数据统计办公室，见 4.2.8。
- 媒体餐厅，位于媒体中心内部或附近，价格适中。

4.2.20 贵宾休息室

主办方应为国际冰联和商业合作伙伴提供功能齐全的贵宾休息室。

4.2.21 转播设施

主办方必须在场馆内为电视转播和广播转播提供足够及适当的空间和设施。转播设施包括但不限于可用电力、电话线、网络连接和电视设备，如摄像机台座、安装在天花板或墙壁上的摄像机等设备（如视频监门摄像机）。

主办方应为电视工作室提供场地，根据国际冰联的要求最好在场馆内，但不要造成观众座席减少（简称“座席损失”）。该需求必须在锦标赛开始前 11 个月提出。

如果上述不可行，需将座席损失减小到最低，且必须在门票发售前提出相关要求。

5.5.7 锦标赛奖杯及奖牌

国际冰联向主办方提供国际冰联世界冰球锦标赛第一名、第二名和第三名的奖盘（奖杯），以及整套金牌、银牌和铜牌。

5.5.8 颁奖和闭幕仪式

闭幕式计划应该在第一场四分之一决赛开始前上交给竞委会主席，征得其同意，并且要符合以下要求：

在决赛的赛后仪式上，国际冰联主席或者竞委会主席在主办方冰球协会主席的陪同下，立即宣布金、银、铜牌获奖队伍的名单。三支获奖队伍将站在开放的方形场地上，面向主看台，获得金牌、银牌的队伍站在蓝线上，获得铜牌的队伍沿界墙站在蓝线之间面向看台。

同时，各单项奖获得者将进入冰面领取奖项，奖项由赞助商公司的代表在国际冰联代表和组委会代表的陪同下颁发。

- 由竞委会提名比赛最佳队员（前锋、后卫和守门员）。
- 由竞委会批准的锦标赛杰出队员。

商业合作伙伴有权安排合同伙伴去为锦标赛最佳队员（前锋、后卫和守门员）颁发奖杯和奖项以及主赞助商奖杯等。在闭幕式期间，商业合作伙伴的合作人在国际冰联代表的陪同下在冰面上颁发奖杯和各奖项。

颁奖之后，这些获奖队员与前三名的队伍一起站在开放的方形场地内。然后由国际冰联理事会成员给三支获胜队的队员颁发奖盘(奖杯)以及金、银、铜牌，并且将奖牌戴在队员和队伍官员的脖子上。在闭幕式期间以及接下来的赛后混合采访区、媒体会议期间，队员要一直恭敬地将奖牌戴在脖子上。任何违反上述规则的行为都将会报告给国际冰联纪律委员会，并可能根据国际冰联细则 1001 而给予额外的纪律处罚。最后，奏金牌队伍国歌，升前三名队伍的国旗。

如果锦标赛的结构设计是只有两支队伍可以参加颁奖仪式和闭幕式，那么铜牌颁奖仪式也可以在铜牌争夺赛后进行。

在所有的奖都颁发完毕后，国际冰联主席或者竞委会主席将宣布锦标赛闭幕：“我代表国际冰联，特此宣布（年份）国际冰联（类别）世界冰球锦标赛（组别）闭幕。”之后，奏国际冰联音乐。

仪式部分准确时间安排和文稿将由主办方、国际冰联及商业合作伙伴一起决定，并且经过国际冰联批准。

7.2 酒店预订

主办方应向国际冰联确认酒店房价及客房供应情况。

国际冰联及其商业合作伙伴应至少在锦标赛开始前 6 个月通知主办方所需的房间数量。

主办方有义务按照以下 7.4 的要求，满足官方参与者对于酒店房间的需求，且有义务代表国际冰联和 / 或商业合作伙伴为 7.4 中未列出人员做出房间预留，包括但不限于国际冰联委员会成员、国际冰联名誉成员、访客和合作伙伴。

任何与 7.4 中未列出人员有关的住宿费，应在结账时由相关客人自行支付，除非国际冰联另有规定。

主办方应提供额外的房间，特别是为参赛队伍，其价格与官方参与者房价相同。

主办方必须提供房间预订的预估最低数量：

参赛队伍	总计 至少 110 间
国际冰联裁判员和国际冰联监督	总计 至少 8 间
国际冰联理事会成员、工作人员和客人	总计 至少 10 间

7.4 餐食及餐费

规则 7.4 中列出的所有参与者，都有权在各自的酒店享用早餐。参赛队伍的早餐，以自助餐形式在预留的早餐区或专用私人会议室内供应。应确保酒店的其他客人不会打扰队伍用餐。晚上比赛结束后直到午夜，酒店必须为参赛队伍、裁判员、国际冰联理事会及竞委会成员和国际冰联工作人员提供热餐。

主办方必须确保提供的食物符合《国际冰联医疗条例》中所规定的营养和水分摄入标准。

除此之外，部分官方参与者（如下文明确的）有权从主办方获得主办方所在国货币，用以支付其逗留期间包括抵达日每日两餐的费用（以下称“餐费”）。国际冰联理事会应决定餐费金额。

7.4.1 参赛队伍

只要可能并且方便，所有参赛队伍应被安置在同一家酒店。应为每支队伍提供 6 间单人间和 12 间双人间。主办方应尽最大努力满足队伍代表团的额外房间需求，费用由各自国家协会承担，直到参与者完成锦标赛官方任务。额外房间的价格应与协议的组委会价格相同。如果参赛队伍被安置在多个酒店，酒店应该是同等标准。

参赛队伍所在酒店必须有会议室可供使用，会议室应配备挂纸板、电视机和录像机。

7.4.2 裁判

应为所有裁判员、边线裁判员（统称“裁判”）和被指派的裁判监督于赛前 1 天至锦标赛结束后 1 天提供住宿。应为每名被指派的国际冰联裁判监督提供单人间，为被指派的裁判员和边线裁判员提供双人间。

应为被指派的裁判提供一间会议室，配有挂纸板和可供连接视频光盘播放器的电视（屏幕最小 61 厘米）与宽带互联网接入，配有电缆和屏幕的投影仪。

7.4.3 国际冰联代表

根据国际冰联的要求，主办方必须为国际冰联代表提供酒店客房和餐饮：

· 国际冰联主席及配偶	套间
· 国际冰联理事会成员及配偶	双人间
· 国际冰联秘书长及配偶	双人间
· 由国际冰联明确的 3 名在锦标赛场馆工作的代表	双人间

7.4.4 国际冰联代表大会年会代表

不适用。

7.4.6 国际冰联代表大会年会翻译人员

不适用。

7.4.8 国际冰联数据统计人员

应为每个场馆 2 名国际冰联数据统计工作人员提供每人一间单人间。

8.3 交通服务

须包含以下交通形式：

- 供队伍使用的专用大巴和装行李的货车，如适用。
- 供裁判员和边线裁判员使用的大巴车、小巴车。
- 主要酒店和赛场之间的班车服务。
- 为锦标赛主席、国际冰联监督、国际冰联工作人员、国际冰联数据统计人员、国际冰联商业合作伙伴的工作人员和其他经认证的人员提供必要的交通服务。

8.5 锦标赛官方用车

锦标赛官方用车（约 10 辆）应由商业合作伙伴免费提供给主办方。主办方需负责司机和燃油。商业合作伙伴应在锦标赛之前明确车辆数量。

车辆必须保持交付时的样子，不允许增加广告。它们必须根据国际冰联程序进行编号和分配。

9.1 国际冰联认证指南

主办方必须使用和操作国际冰联认证系统，根据《国际冰联认证指南》对各个区域的访问权限进行保护。认证计划包含每个场馆不同组别、不同认证区域的默认通行密码。认证计划和人员流向必须经过国际冰联批准。

如果主办方没有使用国际冰联的认证系统，那么其认证系统在安装前必须经过国际冰联批准。

……

10.3 国际冰联门票

主办方应向国际冰联免费提供每个场馆每场比赛 150 个级别最高的座席（简称“国际冰联座席”）。国际冰联及其商业合作伙伴最迟将在锦标赛开始前 3 个月提交所需座席的确切数量。

国际冰联座席在场馆的最佳位置，在整个锦标赛期间不得改变座席分配。如果国际冰联没有另外指出，该座席最好分配在主电视摄像机同侧，在下层看台从中心线延伸，且距离贵宾接待区域最近。

国际冰联可能会把这些门票退还给主办方，如果发生，国际冰联应尽其最大努力早日退回。

主办方应根据国际冰联的指示管理国际冰联门票和座席，如主办方应分隔标示出国际冰联座席、进行入场管理与座席引导，并在座席上根据国际冰联要求放置名签。

10.5 队伍和裁判看台

主办方有义务在每个场馆内为经认证的队伍队员、队伍官员、教练员和裁判提供一个 75 个座席的看台区域（经认证的区域）。这些座席应不在电视主摄影机画面范围之内，并且经国际冰联批准且在整个锦标赛中保持一致。

10.6 参赛队伍门票

每个参赛队将获得 29 张自己队伍的比赛门票，可自行分配使用。

10.7 队伍工作人员位置

不适用。

10.8 媒体看台

10.8.1 平面媒体记者位置

每个场馆每场比赛，主办方必须为经认证的平面媒体记者提供 50 个座席，并在可能的情况配备写字台。媒体必须在不晚于锦标赛开始前 3 个月，订购特殊的连接到座席上的电话线和互联网连接，并支付各自的费用。

10.8.2 评论员位置（电视和广播）

根据 4.2.15 和 15.2.2，每个场馆每场比赛，主办方依据与商业合作伙伴的合同，为经认证的电视评论员和广播电台提供 60 个座席。

如果每个场馆每场比赛，评论员需要超过 15 个位置（每个位置包括 3 个座席），商业合作伙伴必须在不晚于比赛开始前 3 个月通知主办方。商业合作伙伴应支付包括“座席损失”在内的所有额外的座席费用。

10.9 摄影位置

主办方必须为摄影师在冰面同一层的冰场角落提供空间。这些位置应在出售门票之前经国际冰联批准。

10.11 替补裁判座席

组委会应在冰面同一层为一名替补裁判员和一名替补边线裁判员提供两把吧椅。

11.4 准入和成本责任

国际冰联和商业合作伙伴应提前与主办方协调贵宾休息室的数量和相应的准入政策。

国际冰联、商业合作伙伴或主办方邀请的贵宾所产生的相关费用，应由邀请方承担。

由国际冰联和 / 或商业合作伙伴邀请的贵宾所产生的有关第三方的费用（餐饮服务）应先由主办方支付，然后由邀请方予以报销。国际冰联和商业合作伙伴应只支付直接来自于主办方的发票。

14.3 比赛日程

主办方必须按照细则 616 和《国际冰联运动条例》为锦标赛准备比赛日程。比赛日程应最终经过国际冰联、参赛队伍和商业合作伙伴的批准。

任何经国际冰联批准的比赛日程变化，主办方、商业合作伙伴以及与主办方密切合作的电视需求方都应知晓。

15.1.1 媒体中心

主办方有义务根据国际标准提供媒体中心，包括但不限于上述 4.2.15 关于设施的规定。

媒体中心的开放时间，应从当天第一次冰上练习或当地时间 9:00 开始，直到当天最后一场比赛结束后的 2 小时或当地时间的 24:00。

根据 13.2.1，主办方应在锦标赛开始前 12 个月让商业合作伙伴明确所需的设备和服务。

媒体中心应安装空调和供暖设备，并为最多 50 名经认证的平面媒体记者提供配备电话、电源插头的工位。应安装实时播放正在进行的比赛的电视显示器，还应配备数量充足的电话、传真机和互联网终端机供经认证的媒体代表使用。媒体中心还应提供一个功能完善的服务台，能够提供快速连接服务，收取线路及传输费用，提供互联网接入、复印服务，以及手机和互联网连接。

15.1.2 新闻发布厅

主办方应提供一间国际标准的新闻发布厅。新闻发布厅应配备一个讲台，至少 5 个麦克风，供发言者和媒体代表使用，并在对面设置电视摄像台。主办方应为新闻发布会提供助理，助理应配备无线麦克风，以便在新闻发布会上迅速地将麦克风传递给媒体代表进行提问。发言者讲台应放置商业合作伙伴提供的赞助背板。

15.1.6 主赞助商附属新闻中心

不适用。

15.1.7 摄影

摄影和档案的义务：

- 主办方有义务为锦标赛的每场比赛向国际冰联提供至少 10 张照片。照片应为最高质量标准的彩色照片。照片必须包含摄影师姓名、拍摄日期、比赛场次，以及被拍摄队伍标识和队员名字。
- 主办方有义务向国际冰联提供开幕式和闭幕式照片，以及在每场比赛结束后为队员和/或球队颁奖的照片。

15.2.1 平面媒体记者媒体席

根据 4.2.15，如果可能，观众区域的媒体看台应配备至少 100 个有电源和电话插头的写字台。媒体必须在锦标赛开始前 3 个月，订购特殊的连接到座席上的电话线和互联网连接，并为其支付各自的费用。

16.1 国际冰联数据统计系统

为了使用国际冰联数据统计系统，要求主办方根据 Hydra 系统需求提供：

- 两个 Hydra 场馆服务器之间的专用永久性同步光纤电缆连接（100 MB/s），以实现流畅的数据同步。该连接可同时作为电视信号备用线。
- 在每个场馆的计时席中设置一部专线电话和连接互联网的局域网或广域网连接。插头的位置应在计时席内，或者非常靠近计时席并对冰面拥有良好视野。
- 适当的硬件（包括笔记本电脑和 A4 打印机）以及对操作人员进行适当的培训。主办方将从国际冰联获得运行数据统计系统必要的软件，将其链接到国际冰联网页。
- 评论员区域至少有 12 个座席且有互联网连接。
- 队员席侧面最少有 4 个额外的座席，且对冰面和计时钟无视野遮挡。

17.4 保险 —— 一般条款

17.4.1 所有主办方（如适用，第三方如场馆所有方 / 管理方）执行的保险政策不可撤销，并应覆盖赛事后续流程。保险政策应当尽早订立。

17.4.2 这些规定在相关的《国际冰联保险指南》中有详细说明，对主办方具有强制性。

19 国际冰联代表大会年会

不适用。

国际冰联行为规范

IIHF CODE OF CONDUCT

前言

国际冰联相关方的定义

在国际冰联章程的第二章第9节中明确下列的机构、组织和个人，可以被认定为国际冰球联合会的相关方，并受《国际冰联行为规范》（以下简称《行为规范》）相关条款内容的管辖：

1. 国际冰联的成员国家协会及其工作人员代表；
2. 国际冰联的管理机构（代表大会、执行委员会、理事会、主席团）；
3. 当选或被任命为国际冰联代表的人，在任何国际冰联官方赛事、管理机构或委员会/理事会担任职务；
4. 国际冰联竞赛组委会；
5. 国际冰联官员和裁判；
6. 国际冰联相关方国家内的联盟，俱乐部，球队及其领导人、经理、队员、教练和球队其他工作人员和裁判，只要与任何冰球相关联的组织和个人，在所有冰球相关事项方面都受国际冰联的管辖，包括但不限于国际冰联竞赛、国际赛事与国际转会。

每个国际冰联相关方，都有责任确保了解《行为规范》所载的规定，包括但不限于那些构成违反规定的行为，并遵守规定的要求。

适用范围

《行为规范》适用于损害冰球的诚信、正义和声誉的各类行为，特别是非法的、不道德的和有悖伦理的行为。

适用期限性

《行为规范》所载规定，自2014年6月1日起适用。所有根据国际冰联章程的修订，应自通过之日起适用。

第1条 伦理

1.1 基本原则

1.1.1 所有国际冰联相关方须服从于国际冰联章程、法规、条例 / 规范、国际冰联与其机构的决定和指示，严格遵守相应的条款和规定。

1.1.2 违反本《行为规范》的国际冰联相关方，应服从于国际冰联纪律委员会做出的纪律处分。

1.1.3 无视或不知晓本《行为规范》或国际冰联批准的其他法规，不会被认为是正当的理由。

1.1.4 本《行为规范》中描述的义务属于个人性质。个人应对自己的行为负责。虽然国际冰联鼓励成员国家协会去在他们会员及代表中宣传推广本《行为规范》中所描述的价值与思想，对于某国际冰联相关方违反本规定的行为，成员国家协会并不承担相应责任。

1.1.5 尽管有上述 1.1.4 的规定，如果事先知道某国际冰联相关方在持续（或未来将）违反本《行为规范》，且未采取任何行动制止此类违规行为，那么也将被视为违反本《行为规范》。

1.2 态度和行为

1.2.1 国际冰联相关方，必须依照与比赛、经济、社会（包括社交媒体）和道德本质相关的尊严、正义、诚信、忠诚和责任的价值原则，去规范自己的行为。对于各种冰上活动，运动员必须遵守《国际冰球联合会官方冰球规则》手册中特别详述的相关要求。

1.2.2 为了确保遵守上述原则，国际冰联相关方的所有态度和言行，应该基于以下标准。

1.2.2.1 尊严 意味着适当地尊重每个人的权利和隐私。为此：

（a）不得以任何方式、基于任何理由（种族、肤色、性别、民族血统、宗教、哲学或政治观点、婚姻状况、性取向等），去侵犯个人或群体的作为人的尊严。

（b）不得有任何形式（身体、精神、道德、职业或性）的骚扰言行，身体、言语或性的虐待，道德或精神方面的伤害，绝不容忍暴力行为与非法活动。所有国际冰联相关方须遵守国际冰联反性骚扰政策。

1.2.2.2 **正直诚信** 意味着拥有正直的品格，能避免所有不正确的行为（包括可能导致不当行为的表现或疑虑），并以道德力量、诚实和廉洁去面对自己的生活与工作环境。为此：

（a）国际冰联相关方，除了国际冰联条例中明确的规定那些（i）作为或不作为的行为、或（ii）为国际冰联的利益而提供或应提供的个人 / 专业服务之外，不得直接或间接地提供任何报酬或接受、寻求任何佣金、利益或服务。接受依照当地习俗赠送的、仅具有名义上价值的礼品，以及根据国际冰联条例而获取的每日津贴，是被允许的。

（b）国际冰联相关方，不得披露其受托的任何机密信息，也不得为了个人牟利（或恶意损害其他国际冰联相关方的声誉）而去披露非机密信息。

1.2.2.3 **忠诚** 意味着理解国际冰联的理念与各种规定，并持续保持一致，同时严格遵守国际冰联章程、法规 / 规范和决定，包括国际冰联一贯坚持的运动与伦理原则。受本规范约束的各利益相关方，对于国际冰联、国际冰联相关方国家协会及其联盟和俱乐部应负有信托责任。

1.2.2.4 **责任** 指个人在不受监督的情况下也能谨慎地履行其职能与任务，对于国际冰联章程、法规和条例 / 规范予以充分尊重，并照顾国际冰联的最佳利益。为此，国际冰联相关方不得提供、制作、公布、授权或认同任何违反本《行为规范》中各条规定的声明和 / 或宣言（包括通过印刷品、广播、互联网和 / 或任何社交媒体传播的），具体包括但不限于对国际冰联利益、国际冰联相关方或冰球 / 轮滑球运动有实际损害后果的任何声明，或败坏冰球运动的声誉。

第 2 条 利益冲突

2.1 定义

就本守则而言，“利益冲突”是指某国际冰联相关方：

a）由于他自己在履行公务时作出的决定，可以直接或间接地从第三方获取个人或职业的收入或利益。

b）可能（或似乎）有相关的私有或个人利益，这会削弱他独立且有决心、诚信地履行职责的能力。私有或个人利益包括：为受此规范约束的自己及其家庭、亲戚、朋友和熟人等可能获得的任何优势。

c）由于他个人/专业的关注与参与，或受其他实体或法律当事方的暗示，使其可能无法自由表达意见观点或客观地行事；这些都可合理地被视为：影响自己的自由意志、判决或决定。

2.2 禁止

禁止在与国际冰联相关方存在利益冲突的情况下去行事。如果代表国际冰联的任何相关方、供应商或合作伙伴去履行职能，个人应该声明、由于其履行职责或参与另外某国际冰联相关方、供应商或合作伙伴的事项、所会引起的可能的利益冲突。

2.3 具体规定

2.3.1 在为国际冰联开展活动、被选举或被任命之前，受本规范约束的所有的国际冰联相关方应披露任何可能与其对国际冰联的职责产生潜在利益冲突的个人、专业或财务利益。

2.3.2 在有实际或潜在的利益冲突的情况下，受本《行为规范》约束的国际冰联相关方不应该去履行其职责。任何此类的利益冲突，应立即披露并报送给国际冰联理事会。

2.3.3 就本《行为规范》而言，如果实际发生利益冲突，却没有去披露并 / 或继续行事，那么将被视为对于第 4 条规则的违反。

2.3.4 就本准则而言，一旦发生利益冲突，未能披露和 / 或继续采取行动应视为违反本准则第 4 条的行为。

第 3 条 操纵比赛

第 3 条规则是保障冰球竞赛诚信正义的手段，主要通过下面两种方式：①禁止任何可能对冰球竞赛与赛事活动结果有不当影响的行为；②对于置冰球的诚信正义于危险之中的违规行为，应该建立执法和惩戒机制。国际冰联将尊重各个国家对于操纵冰球比赛的处罚决定。但是，对于违反第 3 条规则的所有事件，如果发生在国际冰联竞赛中，主要某国家的处罚决定具有国际方面的影响，国际冰联将保留根据第 5 条规则进行调查的权利，并根据第 4 条规则执行相应的纪律措施。

就第 3 条规则而言，以下定义应适用。

利益(好处)：指直接或间接地收受或提供金钱或等值货币、等值物，例如，但不限于贿赂财物、礼品和其他优势，包括但不限于通过赌博获得的收益和/或潜在收益；上述利益，不应包括官方奖金、根据赞助或其他合同支付的表演费用或付款。

内幕信息：指某人因其在某项运动或竞赛中的职位而拥有的、任何与竞赛相关的信息；但是，它不包括任何已经公开发布的、方便公众查阅的信息或常识，也不包括根据有关规则和规定已披露的信息。

运动员支持人员：指帮助运动员参与准备、参加国际冰联比赛或冰球国际比赛的任何教练、训练师、经理、经纪人、球队的其他各类工作人员、医疗或辅助医疗人员（此处以国际冰联相关方的定义为参考）。

赌博：以货币作为赌注去押注以期望获得货币增值的行为，回报取决于国际冰联竞赛（此处根据国际冰联章程中细则 1 的定义）或冰球国际竞赛的未来及不确定的结果。

3.1 赌博

下列行为应视为赌博，并被禁止。

3.1.1 参与、支持或推广任何形式的赌博：①与冰球国际比赛（或国际冰联会员直接参与的国际冰联比赛）相关的投注；②与（为某一球员或国际冰联会员举行的）冰球比赛相关的投注；③与冰球运动员或国际冰联相关方参加的运动会的任何比赛相关的投注。

3.1.2 诱导、指示、鼓励或协助任何人进行上述规则 3.1.1 中所述的行为。

3.2 操纵冰球国际比赛和国际冰联比赛

下列行为构成了操纵冰球国际比赛和国际冰联比赛，并被严令禁止。

3.2.1 为了不诚实地去更改冰球国际比赛或国际冰联比赛的结果、进程、比分、实施或任何其他方面，故意安排、行事或忽视，最终是为了通过全部或部分地消除比赛结果不可预知的属性，为自己或他人谋取不正当利益。

3.2.2 提供、请求、接收、寻求或接受利益。这种利益与操纵某冰球国际比赛或国际冰联比赛或任何其他腐败形式相关。

3.2.3 诱导、指示、鼓励或协助某国际冰联相关方进行上述规则 3.2 中所述的行为。

3.3 内幕信息

3.3.1 无论是运动员还是国际冰联相关方，使用内幕信息进行赌博、各类操纵比赛（冰球国际比赛和国际冰联比赛）或其他任何腐败为目的行为。

3.3.2 向任何人和 / 或实体去透露内幕信息，无论其是否受益，只要运动员或国际冰联相关方早知道（或本应该知道）这种信息透露有可能会被用于赌博目的、任何形式的操纵冰球国际比赛和国际冰联比赛，或其他任何腐败目的。

3.3.3 因内幕信息而提供和 / 或获得利益，无论事实上是否提供了任何内幕信息。

3.4 一般违规行为

下列属于违背禁止操纵比赛的一般违规行为，适用于所有国际冰联相关方。

3.4.1 故意支持、协助、教唆、尝试、掩盖（或以其他方式成为同谋）第 3 条规则中所描述的任何行为。

3.4.2 未能第一时间向国际冰联或董事会主席详细阐述那些涉及违规的接近与引诱行为，或等同于违反第 3 条规则的某些事件、与比赛相关的赌博或打假球。

3.4.3 未能配合国际冰联或理事会主席（或其指定人）展开的、与第 3 条规则相关的任何正当调查，包括但不限于：未能准确地、完整地、及时地向国际冰联或理事会主席提供所要求的、作为调查内容的任何信息、文档或途径协助。

3.4.4 阻挠或拖延可能由国际冰联或理事会主席进行的、针对任何违反第 3 条规则的调查，包括但不限于隐藏、篡改或销毁任何可能与调查相关的文件或其他信息。

3.5 判罚注意事项

3.5.1 某国际冰联相关方的任何企图或与任何其他人的协议，其相关行为只要违反了第 3 条规则，都应被视为已产生相应的违规，不论这种企图或协议是否事实上导致此违规。然而，对国际冰联和/或理事会主席来讲，如果该国际冰联相关方的企图或协议在被未参与该企图或协议的第三方发现之前，已被立即或迅速地放弃了，此类行为在评判处罚时应是一个减轻的因素。

3.5.2 在评判是否有违反第 3 条规则的行为发生时，下列内容并无关系：

（a）球员或国际冰联相关方是否参加了相关的国际冰联比赛或冰球国际比赛。

（b）任何争议中赌博的性质或结果。

（c）被实际操纵了的冰球国际比赛或国际冰联比赛的结果。

（d）在任何有争议的国际冰联竞赛、国际冰球比赛和/或国家冰球比赛中，无论该国际冰联的豁免方付出或表现是否受到（或可能会受到）讨论中的作为或不作为的影响。

（e）有争议的冰球国际比赛或国际冰联比赛，无论结果是否（或可以预期）受到作为或不作为的影响。

（f）操纵比赛，无论是否违反了国际冰联的技术规则。

3.6 暂时停赛、等待纪律处分的程序

3.6.1 当现有事实以绝大多数证据证明该国际冰联相关方从事了违反第 3 条规则规定的活动时，在国际冰联比赛之外的国际冰联秘书长、在国际冰联比赛之内的理事会主席，将给予其暂时停赛，作为其违反第 3 条规则的处罚。

3.6.2 只有该国际冰联相关方在暂时停赛之前被给予了一次临时听证会，或者在临时停赛生效后，或根据纪律条例被给予了一次快速听证会，临时停赛才能实施。

第 4 条 成员国家协会对球迷行为的责任

成员国家协会应尽最大努力确保其国家队或俱乐部的球迷不从事本准则第 1.2.2.1.a 条所规定的行为，否则可能违反《行为规范》。

第 5 条 违规和纪律措施

5.1 定义

违规行为是指已经被大量的证据证明的、任何违反本《行为规范》的行为，或者不适合冰球/轮滑球运动的、违反道德或法律的行为。它包括对国际冰联合法、正当及显著利益的各种冒犯。

纪律措施，是对应该受到纪律处分的行为的惩戒。

5.2 对国际冰联相关方的惩戒措施

5.2.1 根据《国际冰联纪律守则》，对国际冰联相关方可采取下列惩戒措施：

a）警告。
b）训诫。
c）罚款（不低于 100 瑞士法郎，不超过 500,000 瑞士法郎）。
d）暂停特定数量或特定时期间内的所有参赛（包括终身禁令）。
e）暂停特定数量或特定时期间内的某项职责的执行。
f）取消比赛结果。
g）扣减积分。
h）宣布丧失参赛资格。
i）闭门进行无观众的比赛。
j）禁止新球员注册参加国际冰联比赛。
k）取消正在进行的比赛资格和/或未来参赛资格。
l）撤销认证或委派。
m）撤销头衔或奖励。
n）如果该相关方已被大会选举担任其职务，则应在其任期结束前向大会建议解除其职务。

5.2.2 任何队员或队官员如果在身体上攻击或伤害在国际冰联赛事中执裁的官员，其所有国际比赛的参赛资格将立即被暂停，直到国际冰联纪律委员会就该事件做出决定。

5.3 纪律机构

5.3.1 除了国际冰联赛事期间的国际冰联理事会或国际冰联赛事以外的国际冰联秘书长之外，国际冰联纪律委员会应对所有违反《行为规范》的案件做出裁决，应初步决定是否应对可能违反本行为规范第 3 条的行为实施临时停赛。

5.3.2 纪律委员会、国际冰联理事会和国际冰联秘书长应根据《行为规范》处理所有违反《行为规范》的事件。

第 6 条 调查违反《行为规范》的行为

6.1 针对任何违反本《行为规范》的指控或怀疑，必须报告给：①国际冰联秘书长（如果发生在国际冰联赛事之前或之后）；②国际冰联竞赛委员会主席（如果发生在国际冰联比赛期间）；③国际冰联代表（如果发生在任何其他国际冰联官方活动中）。

6.2 如果国际冰联秘书长或国际冰联竞赛委员会主席认为指控或怀疑不是草率的，则应将案件提交国际冰联道德委员会。

6.3 为确定是否发生了违规行为，道德委员会可对涉嫌违反本行为准则的国际冰联相关方的活动进行调查。道德委员会可指定一名或多名国际冰联工作人员对任何行为准则指控进行初步审查。此类调查可与有关国家或国际主管当局（包括刑事、行政、专业和 / 或司法当局）共同进行。如有要求，所有国际冰联相关方必须全力配合此类调查。道德委员会在将其认定为适当行为的情况下，有权在其他主管当局的调查结果出来之前，自行停止调查。

6.4 作为道德委员会调查的一部分，委员会可向国际冰联相关方提出书面要求，要求其提供与所指控违规行为相关的信息，包括与所收集违规行为相关的记录（如投注账号和信息、详细的电话账单、银行对账单、互联网服务记录、电脑、硬盘和其他电子产品信息存储设备）和 / 或陈述相关事实和涉嫌违规的情况。此外，国际冰联可能要求国际冰联相关方参加面谈。道德委员会应决定任何面谈的时间和地点。道德委员会应在任何面谈前向国际冰联相关方发出充分通知。国际冰联相关方应有权派法律代表和 / 或翻译在场。如果国际冰联相关方未出席或在面谈期间未能或拒绝合作，或拒绝提供道德委员会要求的信息，则调查可在国际冰联相关方不合作的情况下继续进行，并可能对相关方的不合作做出不利的推断。

6.5 如果在调查后，道德委员会根据大量证据确定发生了违反《行为规范》的行为，则应将此事提交理事会或国际冰联纪律委员会，以采取纪律处分。道德委员会应向理事会或国际冰联纪律委员会提供调查期间发现的所有信息、文件、证据等。

说明：

（1）本《行为规范》中文版依据国际冰联发布的英文版翻译而成，英文版请参见：https://www.iihf.com/en/static/5024/statutes-bylaws https://iihfstorage.blob.core.windows.net/iihf-media/iihfmvc/media/downloads/regulations/2018-iihf-code-of-conduct.pdf

（2）2019 年，国际冰联宣布将不再管理轮滑球（inline hockey），也不再举办轮滑球比赛，所以在翻译时我们删除了轮滑球的相关内容。《国际冰联纪律准则》也如此。

国际冰联纪律准则

2019 IIHF DISCIPLINARY CODE

第一部分

应用

1 主题与目的

1.1 本准则旨在确保按照以下要求，实现如国际冰联章程和法规 2 所描述目标。

1.2 本准则包含了针对国际冰联法规 25 的实质性正式规定，以惩戒各类违纪行为、并作为国际冰联办公室、委员会和理事会进行审查的指南。

2 本准则适用范围

2.1 本准则适用于：

（a）任何违反国际冰联章程、法规、条例、规范、准则、官方竞赛规则，国际冰联委员会的决定或指令，受托执行以上文件的国际冰联理事会或办公室，以及违反冰球良好秩序、败坏其名声的各种行为。

（b）来自国际冰联办公室、理事会和某些案件委员会的决定。

2.2 当某个案件似乎涉及多个纪律机构管辖时，国际冰联理事会应在收到国际冰联纪律委员会的建议后，决定由哪个纪律机构审理此案。

2.3 任何纪律措施，都不会限制国际冰联因违纪而获得相应赔偿的权利，如果此类违纪导致国际冰联及其成员国家协会的财务或其他损失的话。

3 适用人员范围

3.1 以下机构、组织和个人被视为国际冰联相关方，并且受国际冰联管辖：

（a）国际冰联相关方国家协会的代表人员。

（b）国际冰联管理机构。

（c）在任何国际冰联竞赛或赛事活动中当选或被任命为国际冰联代表的人，或在任何国际冰联管理机构或委员会/董事会中担任职务的人。

（d）国际冰联比赛的组委会。

（e）国际冰联的官员和裁判员。

（f）国际冰联相关方国家协会的联赛、俱乐部、球队，及无论何等情况下都与之相关的领导人、经理、运动员、教练和裁判员等，所有相关事件活动都在国际冰联管辖范围内，包括但不限于国际冰联的比赛、其他国际比赛和国际转会。

3.2 上述人员和实体，均受国际冰联的纪律约束。他们也认可国际冰联的章程、法规、条例、规范、官方竞赛规则和国际冰联的指令和决定，并受其约束。

3.3 在国际冰联的赛事活动中，成员国家协会对其俱乐部、运动员和官员的行为负责，而且还要对在其国内举办的国际冰联赛事活动中的球迷行为负责。

4 一般知识

4.1 纪律机构采取相应的纪律措施，并发布指令。

4.2 纪律措施，是对应受纪律处分的行为进行惩罚。

4.3 指令要求对有关人员采取某些行动，并可能作为其他纪律措施的辅助命令公布于众。指令明确了应当如何执行纪律措施和/或可能促使有关方面就某件事去采取行动。

4.4 国际冰联的某些条例/准则，规定了针对不同违纪行为的特定纪律措施，这些包括在相应的条例或准则规范中。国际冰联的纪律机构在裁决活动中，应依据本文第8节中的条例/准则，并遵守各自规定的纪律处分措施。

5 针对受国际冰联管辖实体的纪律措施

5.1 依据国际冰联章程57的规定，可以对国际冰联的各机构、成员国家协会、联盟或俱乐部采取以下纪律措施：

a）警告。
b）训诫。
c）罚款。
d）暂停其在特定比赛场次或特定的时间内的相关活动。
e）取消比赛结果。
f）宣布放弃比赛。
g）扣减比赛积分。
h）取消其在进行中的比赛的资格和/或将其排除在未来比赛之外。
i）禁止在国际冰联的比赛中注册新选手。
j）撤销头衔或奖励。

5.2 罚款不得少于100瑞士法郎，且不超过500,000瑞士法郎。

5.3 所有纪律处分措施可以单独实施，也可以与其他任何纪律措施一起实施。

6 针对受到国际冰联管辖的个人的纪律措施

6.1 依据国际冰联章程57的规定，可以对个人采取以下纪律措施：

a）警告。
b）训诫。
c）罚款。
d）暂停特定比赛场次或（未）指定时期内的所有冰球活动。
e）暂停在特定数量比赛中或特定时期内执行特定职务工作。
f）取消认证。
g）禁止在特定或未定时期内参与任何冰球相关的活动。

6.2 罚款应不少于100瑞士法郎，且不超过100,000瑞士法郎。

6.3 所有纪律处罚措施可以单独实施，也可以与其他任何纪律措施一起实施。

7 兴奋剂处罚

A. 对运动员和其他个人的处罚

7.1 取消比赛成绩

在国际冰联（或与之相关的）赛事活动期间发生的违反反兴奋剂规定的行为，根据相关国际冰联纪律机构的裁决，将导致运动员在该国际冰联赛事中所获得的个人成绩被取消，相应后果包括没收所获奖牌、积分和奖品，除非根据世界反兴奋剂机构（WADA）规则 10.1，该运动员能够证明自己对违反行为没有过失或疏忽。

7.2 因呈现、使用（或试图使用）或拥有违禁品而被取消资格。

除非符合《国际冰联纪律准则》（以下简称《纪律准则》）7.4、7.5、7.6（WADA 规则 10.4、10.5、10.6）所规定的条件，否则，因违反《国际冰联反兴奋剂条例》2.1、2.2 或 2.6（WADA 规则 2.1、2.2、2.6），禁赛的期限：

7.2.1 应为 4 年，其中：

a）违反反兴奋剂规定的行为没有涉及特定物质，除非该运动员或其他人可以证实违反反兴奋剂规定不是故意的。

b）违反反兴奋剂规定的行为涉及特定物质，国际冰联可以证实违反反兴奋剂规定是故意的。

7.2.2 如果上述第 7.2.1 条不适用，则禁赛的期限为 2 年。

7.2.3 如同《纪律准则》7.2 和 7.3（WADA 规则 10.2 和 10.3）所使用的，“故意”一词是为了确认那些作弊的运动员，它的意思是：运动员或其他从事违规行为的人早就知道该行为构成对反兴奋剂规定的违反，或知道该行为存在构成或导致违反反兴奋剂规定的重大风险，却明显地去忽略这种风险。

因为对在比赛中禁用物质分析的不利结果所引起的违规，如果该物质是特定物质，并且运动员可以证实该违禁品不是在比赛期间使用的，那么应可驳回地推定为非故意。

因为对在比赛中禁用物质的不利分析结果所引起的违规，将不被考虑为故意的违反反兴奋剂规定，如果该物质并非指某种特定违禁品，并且该运动员能够证实此禁止物质是与竞技表现不相关的背景下在非比赛期间使用的。

7.3 因不符合其他反兴奋剂规定而禁赛

除非适用《纪律准则》6.5 和 6.6（WADA 规则 10.5 或 10.6），如果是因为违反其他反兴奋剂规定 [不是上述的第 7.2 条（WADA 规则 10.2）]，那么禁赛的期限将是：

7.3.1 违反《国际冰联兴奋剂管理条例》2.3 或 2.5（WADA 规则 2.3 或 2.5），取消资格期限为 4 年；除非在未能提交采集样品的情况下，运动员能够证实自己违反反兴奋剂规定不是故意的（如上文 7.2.3 所述），在这种情况下，禁赛的处罚期限为 2 年。

7.3.2 对于违反《国际冰联兴奋剂管理条例》2.4（WADA 规则 2.4）的行为，禁赛的期限为 2 年。可以减至最少 1 年的处罚，具体取决于运动员自己的过失程度。可当该运动员在最后一刻表现出某种状态变化或其他可疑的行为时，比如，他 / 她试图逃避可以进行的检测，那么，1 ~ 2 年之间的灵活性是不存在的。

7.3.3 对于违反《国际冰联兴奋剂管理条例》2.7 或 2.8（WADA 规则 2.7 或 2.8），取消资格期限至少为 4 年，或终身禁赛，这都取决于违规的严重性。违反《国际冰联兴奋剂管理条例》2.7 或 2.8 的行为，如果涉及未成年人，将被视为特别严重；并且，如果是运动员的后勤人员因此违规（除了因涉及特定违禁品），将导致该后勤人员被终身取消资格。

此外，对于《国际冰联兴奋剂管理条例》2.7 或 2.8 的严重违规行为，如果可能违反了非体育运动的某些法规，应报告给行政、专业或司法主管部门。

7.3.4 对于违反《国际冰联兴奋剂管理条例》2.9（WADA 规则 2.9）的情况，根据违规的严重性，取消资格期限至少为 2 年，最长为 4 年。

7.3.5 对于违反《国际冰联兴奋剂管理条例》2.10（WADA 规则 2.10）的情况，取消资格的期限可以是 2 年，但可减至最少 1 年，取决于运动员或其他人的过失程度和其他案件的情况。

7.4 如果没有错误或过失，撤销“禁赛”的处罚。

在个别案件下，如果运动员或其他人证实自己没有过错或过失，那么原本适用的“禁赛”的期限处罚将被撤销。

7.5 基于无重大错误或过失，减少“禁赛”期限。

7.5.1 在违反《国际冰联兴奋剂管理条例》2.1、2.2 或 2.6（WADA 规则第 2.1、2.2 或 2.6 条）的案件中，如果是因为特定违禁品或受污染制品造成，可以减轻禁赛期限的处罚：

a）特定违禁品：因涉及特定违禁品而违反反兴奋剂规定，并且运动员或其他人能证实不存在重大的错误或过失，如果是这样，那么禁赛的期限惩罚，最低应是训诫，且不需要禁赛，最高不超过 2 年，具体取决于运动员或其他人的过失程度。

b）受污染的制品：运动员或其他人可以证实不存在重大错误或过失，以及检测到的违禁成分是来自于受污染的制品，如果是这样，取消资格期限的处罚，最低可以是训诫并不需要取消资格，最高不超过 2 年，具体取决于运动员或其他人的过失程度。

7.5.2 超出上述 7.5.1 的规定范围，如果运动员或其他人证实自己没有重大错误或过失，则取决于《国际冰联纪律准则》7.6（WADA 规则第 10.6 条）中规定的撤销或减轻的内容；之前施加的禁赛的期限处罚，可以根据该运动员或其他人的过失程度进行减轻，但不能少于之前施加的处罚期限的一半。如果之前施加的处罚期限是终身的，那么适用本条规定后的减少的取消资格期限处罚，不应少于 8 年。

7.6 撤销、减轻或中止“禁赛”的处罚，应根据 WADA 规则第 10.6 条进行处理：

a）有实质性地协助发现或证实某违反反兴奋剂规定的行为（WADA 规则 10.6.1）。

b）在没有其他证据的情况下承认自己违反反兴奋剂规定（WADA 规则 10.6.2）。

c）在面对可能会因违反 WADA 规则 10.2.1 或 10.3.1 而被惩罚的情况下，迅速承认自己违规行为（WADA 规则 10.6.3）。

d）适用于因多种理由而获得减少处罚（WADA 规则 10.6.4）。

7.7 多次违规

因为第二或第三次违反反兴奋剂规定，其“禁赛”期限的处罚，应该根据 WADA 规则第 10.7.1 至 10.7.5 条的规定进行。

B. 对球队和球队官员的处罚

7.8 如果在国际冰联的比赛期间，发现球队中有 2 名以上的运动员违反了反兴奋剂规定，除了要对违规的运动员进行处罚之外，该球队也将被禁赛，并降级到下一级别中。在国际冰联比赛中，如果球队中有不止一名运动员违反反兴奋剂规定，国际冰联将在该球队中进行目标测试。

7.9 如果某一球队官员、成员国家协会官员涉及或违反了反兴奋剂规定，应根据上述第 6.3.3 条予以处罚，成员国家协会将受到罚款。

7.10 在任何国际冰联比赛之前，未能向国际冰联提交其球队最新有效行踪信息的成员国家协会，可能会受到警告或罚款。

C. 一般规定

7.11 治疗用途豁免

违反反兴奋剂规定的行为，如果符合根据《国际治疗用途豁免标准》颁布的适用治疗用途豁免的规定，不应被视为违反了反兴奋剂规定（WADA 规则第 4.4 条）。

7.12 禁赛期限的开始

除 WADA 规则第 10.11.1 条至 10.11.5 条中的规定外，取消资格期限应从决定取消资格的听证之日开始，或者，如果听证无效或没有举行，就从取消资格的处罚被接受或以其他方式强制执行的日期开始。

7.13 禁赛期间的身份

在取消资格期间被处罚者的身份，应符合 WADA 规则第 10.12.1 条至 10.13 条的规定，尤其是要符合以下规定（WADA 规则第 10.12.1 ~ 4 条，第 10.13 条）。

7.13.1 禁赛期间的禁赛

在此期间，任何运动员或其他已被宣布为无比赛资格的人，均不得以任何身份参加由国际冰联或任何国际冰联相关方国家协会、联盟、俱乐部或其他成员组织的比赛或活动（除非是授权开展的反兴奋剂教育或康复计划）。而且，也不得以任何身份参加任何职业联盟授权或组织的比赛，或参加法规签署人（Code Signatory）、签署人的会员组织、签署人的会员组织的俱乐部或其他会员组织所管辖下的任何赛事、活动或比赛。在被取消资格期间，该运动员或其他受处罚人应接受检测；如果受罚期限多于 4 年，可在完成 4 年处罚期后，按照 WADA 规则第 10.12.1 条获得参加当地体育赛事的资格。

7.13.2 返回训练

除了上述 7.13.1 的规定，运动员在较短期间可以返回球队参加训练、或使用国际冰联相关方组织的运动设施，具体时期为：

（a）在被取消资格期限内的最后两个月。

（b）执行取消资格期限的最后四分之一。

7.13.3 在禁赛期间违反禁令

如果某运动员或其他被取消资格的人，违反了上述 7.13.1 中禁止参赛的规定，其参赛的结果是无效的，而且，因为在禁赛期间违背禁令会被加倍处罚，即在原禁赛期结束后，还应加上与原期限相同时间的禁赛。此类决定应根据 WADA 规则第 10.12.3 条做出。

7.13.4 在取消资格期间扣发财务支持

对于任何不涉及减轻处罚的违反反兴奋剂规定的行为，如 WADA 规则第 10.4 或 10.5 条中所描述的，当事人所获的部分或全部与体育相关的财务支持，或与体育相关的其他收益，将被国际冰联及其成员国家协会所扣发。

7.14 每项处罚的强制性部分，应包括 WADA 规则第 14.3 条中规定的自动公布。

7.15 从获得阳性样本被搜集之日起（无论比赛期间或前后），或从发生其他违反反兴奋剂规定的行为之日起，该运动员在任何临时暂停资格或取消资格期间所获得的所有比赛结果，都是无效的，由此产生的结果包括没收所获的任何奖章、积分和奖品。

8 加重和减缓的因素（不适用于兴奋剂违规）

8.1 纪律委员会可能考虑的加重因素应包括（不限于并在适用的情况下）：

（a）不配合任何调查或不提供需要的信息。

（b）以前的任何违反行为。

（c）该国际冰联相关方已经或将要获得与违规相关联的重大收益。

（d）违规行为已经或可能影响到其在国际冰联活动和 / 或比赛中的行为或结果。

（e）将受处罚的国际冰联相关方表现出无悔改的态度。

（f）纪律机构认为其他任何有关的加重因素。

8.2 纪律机构可能考虑的减缓因素应包括（不限于并在适用的情况下）：

（a）国际冰联相关方配合任何调查或提供需要的信息。
（b）国际冰联相关方及时承认违规。
（c）将要受到处罚的国际冰联相关方此前未受过纪律处分。
（d）将要受到处罚的国际冰联相关方是青少年和/或经验不足。
（e）将要受到处罚的国际冰联相关方表示悔过。
（f）纪律委员会认为的其他相关的减缓因素。

9 中止处罚

9.1 所有纪律措施可能会由发出处罚的相应纪律机构中止，除了以下情况：

a）警告。
b）通报批评。
c）根据 WADA 规则禁止参与与冰球有关的活动。

9.2 因中止处罚而产生的查看期，最少是一年，最多是五年。在特殊情况下，如果被处罚者暂时脱离国际冰联的管辖，该查看期可能会被延长或暂停。

9.3 如果在查看期内再次违反规定，则主管纪律机关通常执行原先的处罚，而且，也可能增加对再次违反的纪律处罚。

10 处罚的确定

10.1 纪律机构应根据违规行为的客观和主观因素，确定采取的纪律处罚措施的类型和范围，考虑到该违规行为是轻微、严重还是特别严重，并且考虑是否存在任何加剧或缓解的情况。

10.2 在确定违规行为是轻微、严重还是特别严重时，应考虑以下事实：被违反的规定的重要性，当时比赛的级别或影响力，个人过错或疏忽，违规后果对个人直接和/或间接的影响，对国际冰联主管的冰球赛事的负面影响（国际冰联章程 2），过错方是否是屡犯，以及其他对体育声誉的不利影响。

10.3 如果纪律机构认为，当事人提供的信息对发现或确定该行为违反国际冰联章程、法规、条例或第三方的规定等具有决定性意义，在确定处罚时，可能会认为这种揭发是一个减缓要素，甚至会免除处罚。

10.4 当施加罚款处罚时，要考虑当事方的财务状况。

10.5 停赛

10.5.1 任何受到比赛罚款的运动员或球队官员，应被自动停止所参加锦标赛的下一场比赛，或同等标准的下一轮锦标赛的首场比赛。

10.5.2 在与致使该运动员被禁赛的锦标赛（或比赛）相同的锦标赛（或比赛）中，该运动员应停赛；无论球队是否晋升、降级或降级参加资格赛。

根据第 10.5.5 条的规定，在最小年龄组比赛级别参赛的运动员，如果他 / 她因为参加高年龄段冰球锦标赛时违规被判停赛，即使原本有资格参加下一届 18 岁及以下（U18）或 20 岁及以下（U20）冰球锦标赛，也不得参加。相应地，这条规定也同样适用于 U18 的运动员，如果他 / 她参加 U20 世锦赛被处罚停赛的话，也不能参加 U18 的比赛了。

国际冰联国家队锦标赛

根据下述第 10.5.5 条的规定，停赛处罚应按以下规定执行：

锦标赛组别	实际年龄组别	下个赛季的年龄组别	受处罚的比赛	备注
U18 世锦赛	18 岁及以下	18 岁及以下	下一年的 U18 世锦赛	
U18 世锦赛	18 岁及以下	20 岁及以下	下一年的 U20 世锦赛	
U20 世锦赛	18 岁及以下	18 岁及以下	同年的 U18 世锦赛或下一年的 U18 世锦赛	取决于做出决定的具体时间
U20 世锦赛	18 岁及以下	20 岁及以下	下一年的 U20 世锦赛	
U20 世锦赛	20 岁及以下	20 岁及以下	下一年的 U20 世锦赛	
U20 世锦赛	20 岁及以下	成人	下一年的成人世锦赛	
成人世锦赛	18 岁及以下	18 岁及以下	下一年的 U18 世锦赛	
成人世锦赛	18 岁及以下	20 岁及以下	下一年的 U20 世锦赛	
成人世锦赛	20 岁及以下	20 岁及以下	下一年的 U20 世锦赛	
成人世锦赛	20 岁及以下	成人	下一年的成人世锦赛	
成人世锦赛	成人	成人	下一年的成人世锦赛	

冬奥会冰球比赛

参赛组别	实际年龄组别	下个赛季的年龄组别	受处罚的比赛	备注
冬奥会冰球赛	18 岁及以下	18 岁及以下	下一轮冬奥会 / 成年冰球比赛	取决于该球队是否够资格进入奥运会冰球赛
	18 岁及以下	20 岁及以下	下一轮冬奥会 / 成年冰球比赛	取决于该球队是否够资格进入奥运会冰球赛
	20 岁及以下	20 岁及以下	下一轮冬奥会 / 成年冰球比赛	取决于该球队是否够资格进入奥运会冰球赛
	20 岁及以下	成人	下一轮冬奥会 / 成年冰球比赛	取决于该球队是否够资格进入奥运会冰球赛
	成人	成人	下一轮冬奥会 / 成年冰球比赛	取决于该球队是否够资格进入奥运会冰球赛

10.5.3 对于所有其他国际冰联的比赛，包括但不限于欧洲大陆杯、欧洲女子挑战杯、亚洲挑战杯，受暂停比赛处罚的运动员，不应参加下一轮赛事的各场比赛，或下一轮相应场次的比赛，或接下来赛季相应赛事的首轮比赛。

10.5.4 对于所有依照下述第 13.1.2 条规定暂停的表演赛，停赛都将在余下的表演赛和 / 或之后的锦标赛期间生效。

10.5.5 如果受罚运动员未参加被取消资格的比赛，将被视为已执行了停赛的处罚，不论该运动员是否进入相关国际冰联的比赛中。但是，除在奥运会比赛中被停赛外，运动员在其有资格参加的任何国际冰联比赛中均可被处罚停赛，尽管已被列入国际冰联比赛的代表队名单，但并没有资格参加被停赛的比赛场次。

10.5.6 根据上述第 10.5.5 条的规定，停赛（适用于国际冰联比赛以外的比赛，其中运动员被暂停参赛）应该在下个赛季的国际冰联比赛中执行。如果符合上述第 10.5.5 条的条件，则该暂停处罚将被视为已经执行并将在下一个赛季结束时到期，除非其所在的球队因故不参加该赛季的任何国际冰联比赛，在这种情况下，针对该运动员的暂停比赛处罚将顺延一年。

第二部分

组织与管辖权

11 纪律机构

纪律机构是：

a）纪律委员会。
b）申诉委员会。
c）理事会（赛事）。
d）锦标赛纪律小组。

在所有纪律处罚程序 / 事项中，所有纪律机构都必须遵守并执行正当程序的基本要素，包括向被告方提供通过书面意见或正式听证会进行听证的权利。

所有程序和事项的沟通语言均为英语（国际冰联章程 9）。

12 纪律委员会

12.1 纪律委员会的权限

12.1.1 纪律委员会可以处罚上述准则 3.1 所述的所有个人 / 实体，如果发生以下的情况：

a）违反国际冰联的章程、法规、条例、规定或国际冰联官方竞赛规则。
b）扰乱冰球赛事的良好秩序。
c）导致冰球赛事名声受损。
d）违反国际冰联的理事会、董事会或相应受托官员的决定。

12.1.2 纪律委员会负责以下事务：

依据本《纪律准则》第 12.1.1 条移交给纪律委员会的初审案件；

依据《国际冰球联合会官方冰球规则》（第 1 ii，5, 43vi 条）移交给纪律委员会的案件；纪律委员会必须评估在国际冰联竞赛期间发生的所有案件，并在所涉球队最后比赛日对比赛中的严重违例或恶意犯规做出处罚（在将整个案件移交给纪律委员会小组之前，国际冰联纪律委员会主席或由其指定的纪律委员会成员，可就是否有必要对严重违例或恶意犯规做进一步纪律处罚做出初步决定）；以及

针对国际冰联官方、国际冰联锦标赛董事会和 / 或国际冰联理事会决定的申诉案件，这些案件涉及国际冰联章程、法规制度和 / 或条例、规定。关于“追加纪律处分”，纪律委员会必须审查所有比赛中因严重违例或恶意犯规而受罚的案件，并在所涉球队最后的比赛日做出评估。

12.2 纪律委员会的组成

12.2.1 纪律委员会的组成应符合国际冰联章程第 50 条的规定。委员会是所提交案件的唯一决策者，主持案件的成员就像民事诉讼中的法官。

12.2.2 由三名选拔自纪律委员会的成员组成纪律委员会小组（在《 国际冰联兴奋剂管理规定》中称“ 国际冰联兴奋剂纪律小组”，以下简称“纪律小组”）。纪律委员会主席应确定每个小组的组成，包括任命各个小组的主席——如果不亲自担任的话。国际冰联锦标赛的纪律法官由纪律委员会主席酌情决定，自任命之日起（《纪律准则》第 14 条）可以当选为纪律小组的成员。

12.2.3 “纪律小组”的决定，可以通过听证会、信函、电话或视频会议的方式得到正式通过。纪律小组主席应决定使用哪一种方式。如果纪律小组如此决定了，或者被告要求正式的听证，那么纪律小组必须召集正式的听证会。如果是通过电话达成的决定，参与的成员必须收到决定内容的书面确认。

12.2.4 纪律小组应以简单多数票作出决定。成员不得放弃投票。

12.3 初审案件的纪律委员会程序

12.3.1 纪律委员会的处理程序，是基于以下机构或个人的正式请求而开始的：国际冰联机构，国际冰联医疗委员会或国际冰联医疗主管、相应的理事会主席、国际冰联秘书长或副秘书长、WADA 或成员国家协会，或由纪

律委员会主席。纪律委员会必须在指控事件发生之日起 30 天内收到正式的请求。

12.3.2 启动纪律处理程序的请求，必须以书面形式及时提交给纪律委员会秘书。秘书应以书面形式及时通知被告方及相应的成员国家协会，告知他们纪律委员会已经收到了这样的请求，或（如果适用）已启动了审查处理程序。该通知或随后的沟通，包括所有相关文件和 / 或信件，应针对指控的违规违纪等行为；解释说明当事人的正当程序权利，包括提交书面证据的权利、口头听证会、在听证会上召唤和质询证人（由纪律小组酌情决定，是否接受证人的书面证词）；解释事实情况，如果当事人未在指定的期限内提交书面意见，纪律小组将根据现有证据做出决定。

与各方的所有沟通（包括通知）均发送给其成员国家协会——它有责任通知被告方。通过电子邮件或传真发送沟通信息，应视为当天收到。

被告方及其各自的成员国家协会，应在收到纪律处理通知后的 14 日内（违反兴奋剂规定的是 21 天）向纪律委员会秘书提交书面意见。

收到书面意见后或 14 天期限结束后，纪律委员会主席任命纪律小组成员。

12.3.3 应被告方的要求，或纪律小组的决定，应根据本《纪律准则》12.3.4 的规定举行正式听证会。纪律小组主席应确定正式听证会的日期，在严重情况下可以推迟正式听证会的日期。主席拥有正式听证程序的最终决定权，包括但不限于时间、证据、证人和文件，只要各方已被告知如何进行的程序，每一方都有合理的机会根据纪律小组的规则陈述其案情并进行辩论，每一都应被以基本平等的方式对待。被告必须参加正式听证会并自行承担费用，除非纪律小组有其他酌情考量。

12.3.4 正式听证会不是公开的。

有关各方均有权由其当事人 / 律师代表出席，其费用自理。应被告方的要求，纪律小组将安排口译员。

对于正式听证会，有关各方须于正式听证会预定日期前的 14 天内，向纪律小组充分提供全部书面证据，并应指明他们打算或可能要提供或召唤的任何证人和专家，并披露他们打算在听证过程中提供的任何其他证据。相关各方不得再进一步提供书面证据，除非仲裁小组在特殊情况下允许。

各方提供的所有书面材料，应在正式听证会之前向各方进行披露。

12.3.5 纪律小组在做出决定时，应尽最大努力利用任何现有证据（例如，来自赛事理事会、比赛官员或目击者的报告、电视录像、视频记录等文件），并应在合理的时间内做出决定。一旦做出决定，应将决定结果以书面形式通知受处罚的一方、提起申诉的申诉方与国际冰联理事会。通知应包括书面陈述，说明作出决定的原因。对于兴奋剂相关的案件，仲裁小组的决定通知，应根据 WADA 规则第 8.4 条进行提供。

12.3.6 根据本准则 13.1 条的规定，如果纪律委员会给予的处罚措施超过停止 4 场比赛或 20,000 瑞士法郎的罚款，受处罚方可以向国际冰联申诉委员会提交书面申诉，反对纪律委员会做出的处罚决定。在这些情况下，必须先向国际冰联申诉委员会提出申诉，走完这个程序后若仍不服从，才可以向体育仲裁法院提交申诉。该申诉需根据本《纪律准则》13.1 条的规定进行。如果在收到纪律委员会的决定通知后 7 日内未提起申诉，则会丧失所有的申诉权。

根据《体育仲裁法》，被处罚方可将其他所有纪律委员会的决定、申诉至体育仲裁法院。被处罚方应该被告知上述这些申诉权利。纪律委员会的处罚决定，在申诉期间仍然有效，除非相应的受诉方有其他命令。

12.3.7 违反纪律规定的行为，应以两年为限期。除非受到刑事处罚，否则，时效期限应自发现涉嫌违反纪律规定的日期起，不论发现日期如何，不得超过 10 年。在两年限制期内，如果有关当事方已按照本纪律准则 12.3.2 条被正式告知，那么纪律处分程序就可以正常执行。

12.4 兴奋剂案件的纪律委员会程序

针对于兴奋剂案件，本准则 12.3 条中规定的所有程序（初审案件的纪律委员会程序）都应该被遵照执行，除非在本准则 12.4 节中另有说明。

纪律委员会必须遵守国际冰联兴奋剂管理规定和 WADA 规则，特别是第 1 条（兴奋剂的定义）、第 2 条（违反反兴奋剂规定）、第 3 条（兴奋剂证据）、第 4.2.2 条（特定违禁品）、第 4.3.3 条（WADA 违禁清单的声明）、第 7.11 条（竞技运动退役）、第 8 条（公平听证权和听证决定通知）、第 10 条（对个人的处罚）、第 11 条（对球队的影响后果）、第 15.1 条（决定的确认）、第 17 条（章程的限制）、第 24 条（本规则的解释）和规则的定义。

上述 WADA 规则的几条强制规定（也在 WADA 规则第 23.2.2 条中详细阐述），已通过引用纳入了本《纪律准则》，并应按照本《纪律准则》

的全部规定处理。

12.4.1 公平听证会的权利

纪律委员会应及时进行听证程序，以进一步确定是否存在反兴奋剂违规行为。纪律委员会应就已发生的违反反兴奋剂规定的行为，做出裁决。被告方在收到纪律委员会秘书发的裁决通知后的 21 天内，既可以明确表示放弃听证权利，也可以因没有提出质疑而放弃听证权利。

12.4.2 期限时效

从确定违反反兴奋剂规定之日起十年之内，除非被指控的运动员或其他人已经被通知（或努力去通知）违反了反兴奋剂规定，否则，相应的处罚措施不得开始执行。

12.4.3 兴奋剂证据

a）举证责任和证明标准

国际冰联有责任对违反兴奋剂规定的行为进行认定。考虑到所提出指控的严重性，证明标准应为，国际冰联的认定是否令纪律委员会满意。在所有情况下，这种证明标准都要高于单纯的概率权衡，但要低于禁得起合理质疑的证据。如果被指控违反反兴奋剂规定的运动员或其他人，对推定或证实的具体事实或情况进行反驳，那么根据反兴奋剂规定，他们要承担举证的责任，而且证据标准就是概然率权衡。

当需要根据本《纪律准则》7.2.1（b）去证实动机时，国际冰联应任命法律委员会的一名成员去证实该动机。

b）证实事实和假设的方法

与反兴奋剂违规有关的事实，可以通过任何可靠的方式，包括坦白承认，来证实。WADA 规则 3.2.1~3.2.5 确立的证明的规则（事实和推定方法），适用于兴奋剂相关的案例。

12.4.4 兴奋剂申诉

根据 WADA 规则 13.2 的规定做出的所有纪律处罚决定（关于违反反兴奋剂规定的决定、后果、临时停赛、决定的承认和管辖权的上诉），可以提交给体育仲裁法院进行专门申诉。

体育仲裁法院的申诉审查范围包括与该案件有关的所有事项，并且明确地不限于国际冰联纪律委员会审查的事项或范围。

国际冰联关于兴奋剂的决定，在申诉期间依然保持有效，除非体育仲裁法院另有决定。申诉期限为自收到纪律处罚决定后的 21 天内。

下列各方有权向体育仲裁法院提出申诉：

a）受将要被申诉的纪律处罚决定影响的运动员或其他人。

b）被裁决的案件的另一方当事人。

c）国际冰联。

d）当事人（是国民或居住许可证持有人）居住国的国家反兴奋剂组织；

e）国际奥林匹克委员会，该决定的影响可能与奥运会有关系，包括影响参加奥运会比赛资格的决定。

f）WADA（WADA 申诉的时限应为以下时间中的较晚者：①该案件的任何一方当事人本可以上诉的最后一天的 21 天后；②在 WADA 收到完整的案例文件之后的 21 天内）。

偿还体育仲裁法院申诉费用和没收奖金的优先顺序为：①支付体育仲裁法院裁决的费用；②没收比赛奖金，重新分配给其他运动员；③对该案进行成效管理的反兴奋剂组织的费用报销。

根据 WADA 规则，在提交给体育仲裁法院案件中任何被诉人的交叉申诉和其他后续申诉，都允许专门地提出。根据 WADA 规则第 13 条拥有上诉权的任何一方，都必须在对方答复后的最晚时间前提出交叉上诉或随后的上诉。

根据 WADA 规则第 14.2 条，作为申诉当事方的任何反兴奋剂组织，应立即向运动员或其他人提供申诉的决定，包括向其他反兴奋剂组织提供——根据 WADA 规则第 13.2.3 条规定，他们有可能成为申诉当事方。

12.4.5 无法及时做出决定

在特定情况下，如果国际冰联在 WADA 设定的合理期限内无法就是否违反反兴奋剂规定做出决定，WADA 就可以根据 WADA 规则第 13.3 条，选择直接向体育仲裁法院提出上诉。

12.4.6 与运动员退役相关案件的管辖权

如果运动员或其他人在纪律处分程序之前、之后或之中退役，则纪律委员会保留进行和完成纪律处罚过程的管辖权。

12.5 申诉案件的纪律委员会程序

12.5.1 在适用国际冰联章程、法规、条例、规定的某一具体案例中，受到国际冰联办公室、理事会或特别理事会通过的决定直接影响的当事方，可以向纪律委员会提交针对性的上诉通告书（以下简称“申诉”）。上诉必须在处罚决定通知后的 7 日内，以书面形式提交纪律委员会秘书，否则申诉权将失效（上诉案件）。

申诉人应在初次提出申诉请求之日起的 14 天内，去提交抗辩申诉书，该文件应包含：

（a）合法的要求。
（b）对事实的解释说明。
（c）证据。
（d）申诉人的结论。
（e）申诉人的正式听证请求。

申诉人可能反对不准确的事实陈述和 / 或法律的错误适用。

12.5.2 对于根据国际冰联法规第 1103 条进行的加急申诉，申诉人必须尽快向纪律委员会秘书提交上诉报告书，时限为在收到致使比赛暂停的、最初处罚决定通知后的 7 天内，但不得迟于①国际冰联锦标赛或冬奥会冰球赛的前 7 天，或②在国际冰联锦标赛资格赛或冬奥会资格赛之前的 3 天。由于时间限制，上诉报告书应包含本准则第 12.5.1 条要求的所有申诉请求信息，以便由纪律委员会主席任命的一个决策小组去决定。

12.5.3 任何程序，一般而言，均应按照本准则第 12.3.1~12.3.5 条中要求的纪律委员会程序进行。但是，如果申诉程序涉及不止一方，决策小组应在收到申诉通告书后的 14 天之内，向对方提供对申诉书的回应。如果特殊情况需要，决策小组可以给予更长的期限。如果反对方在 14 天之内未提供简明答复，则决策小组将在未有反对方意见的情况下对申诉做出裁定。

12.5.4 该决定是国际冰联的最终决定。当事方收到书面决定后，可以根据《体育仲裁法》向体育仲裁法院提出上诉。各方必须告知有关人员拥有这项申诉权。在继续申诉期间，国际冰联纪律委员会的决定仍然有效，除非体育仲裁法院另有决定。

13 申诉委员会

13.1 申诉委员会的权限

申诉委员会可以听取那些上诉申请——反对纪律委员会在一审做出超过4场停赛或20,000瑞士法郎的处罚决定。就申诉委员会的权限而言，纪律委员会的暂停比赛处罚，与根据《国际冰球联合会管方冰球规则》和锦标赛纪律小组做出的自动停赛处罚相加要超过4场比赛。 如果纪律委员会结合了处罚措施，如果符合上述措施之一，上诉是可以受理的。 在这种情况下，上诉委员会应审查全部的惩罚措施。

13.2 申诉委员会的组成

13.2.1 申诉委员会的组成，应依照国际冰联章程第50条的规定。该申诉委员会的责任，是成为所提交问题的唯一决定者；主持案件的委员会成员，就像法庭民事程序的法官一样。

13.2.2 申诉委员会的三名成员组成的申诉小组，做出相应决策。申诉委员会主席应根据具体情况确定每个申诉小组的组成，包括任命各自小组的主席，如果他/她不亲自担任的话。

13.2.3 如果案件涉及申诉委员会成员本人，或其球员、俱乐部、官员或所属国家会员协会的任何其他成员，则该成员不得被派遣到该申诉小组中。

13.2.4 申诉小组的决定，可以通过正式会议、信函方式、电话或视频会议来形成。小组主席应决定采取何种方式。申诉小组必须召集正式听证会，如果申诉小组如此决定，或被处罚方要求举行正式听证会。参加电话和/或视频会议并达成决定的申诉小组成员，必须收到该决定的书面确认函。

13.2.5 申诉小组应以简单多数票作出决定。成员不可以投弃权票。

13.3 申诉委员会程序

13.3.1 纪律程序的各个当事方和国际冰联，都有权提出申诉。所有申诉必须通过各自的成员国家协会提出。

13.3.2 申诉通知必须按照下述13.3.3条的规定，在获知纪律委员会决定后的7日内，以书面形式提交申诉委员会的秘书，以提请申诉委员会注意。如果未在最晚期限内提交书面申诉文件，申诉的权利将丧失。一旦当事方提交了申诉，申诉委员会主席应任命申诉小组主席和其他成员。

13.3.3 申诉人可以反对事实陈述的不准确和/或法律的错误适用和/或关于事

实的错误法律解释和 / 或不适当的程序。申诉书必须在初次通知之日起的 14 天内提交给申诉委员会秘书，并应包括：①合法的要求；②对事实的解释说明；③证据；④申诉人的结论；⑤申诉人的正式听证请求。如果最初未提交纪律委员会新的事实和 / 或证据，只有当事方当时已进行了必要努力，依然无法向纪律委员会提交的情况下，才可受理。

13.3.4 收到申诉书后，申诉小组应要求反方在 14 天内对申诉书作出回应。在特殊情况下，申诉小组可以给予更长的期限。如果反方在 14 天之内未提供简明回复，则申诉小组将在没有反方意见的情况下做出决定。

13.3.5 应申诉人的请求，或申诉小组已如此决定，应遵循本准则 13.3.6 的规定举行正式申诉听证会。小组主席应确定听证会的日期，在严重情况下，可以推迟正式申诉听证会的日期。主席拥有正式听证程序的最终决定权。申诉人必须自费参加正式申诉，除非申诉小组酌情考虑后另行决定。

13.3.6 正式申诉听证会不公开。有关各方有权让自己选择的个人 / 律师代表参加该听证会，费用自理。根据申诉人的要求，申诉小组主席将为其安排翻译。

对于正式听证会，有关各方必须在正式听证会的预定日期之前至少 7 天，向申诉小组全面提交所有的书面证据，指明他们打算或可以召唤的任何证人和专家，并披露他们打算在正式申诉听证期间提出的任何其他证据。除非申诉小组根据特殊情况允许，否则，各方不得允许进一步提供书面证据。

所有书面提交资料，应在正式申诉听证会之前向所有参与方进行披露。

13.3.7 申诉小组应在合理期限内作出决定。决定一经作出，应立即以书面形式通告申诉方、直接有关的当事人及国际冰联理事会。书面通告应包括作出决定的理由说明。

13.3.8 申诉小组的决定为国际冰联的最终决定；当然，对此决定不服的当事方，可以根据《体育仲裁法》向体育仲裁法院提出上诉。所以必须让有关人员知道，其拥有进一步上诉的权利。在向体育仲裁法院上诉期间，申诉委员会的决定仍然有效，除非体育仲裁法庭有其他的命令。

14 理事会（赛事）

14.1 理事会的权限

14.1.1 （赛事）理事会应处理国际冰联比赛期间发生的所有纪律事项，包括：①在未设立纪律小组的锦标赛中违反官方比赛规则的；②违反《国际冰联行为规范》的；③参加和组织运行的国际冰联赛事的有关纪律事项；④因违反反兴奋剂规定和诚信的行为而被暂时停赛的（因使用兴奋剂而导致暂停比赛，必须按照 WADA 规则第 7.2、7.3 和 7.9 条进行处理）。

对于各类纪律处罚事项，理事会与纪律委员会具有相同的地位、管辖权、权力和权威，但理事会的纪律处罚措施，不得超过（仅限于）所在的国际冰联比赛。

14.1.2 在国际冰联管辖范围外的国际比赛期间发生的违反纪律事项，应由各自的成员国家协会处理，但国际冰联锦标赛后 7 天内进行的表演赛除外。国际冰联锦标赛后 7 天内的表演赛中发生的所有相关纪律事项，应由各锦标赛的理事会迅速处理。理事会主席有权将此事提交各自的锦标赛纪律小组进行审查和处罚。

14.1.3 当根据本纪律准则 14.1.1 对违反官方竞赛规则的行为进行管辖处理时，理事会应自动审查所有严重违例或恶意犯规的处罚，并依据规则 5 赋予的权威与裁量权，审查与违反官方竞赛规则相关的所有其他事项。

14.1.4 对于理事会考量的恶意犯规、严重违例以及其他处罚 / 事件，可能需要在比赛的最后一天，根据对相关球队的评估进行追加处罚。锦标赛理事会主席认为需要追加处罚的，但超过锦标赛赛期的案件或事情，必须提交给国际冰联纪律委员会进行调查和纪律处分。具体来说，在国际冰联比赛期间，涉及在比赛场地内外身体攻击比赛官员或其他人的任何事件、任何违反《国际冰联行为规范》与比赛弃权的事件，如果理事会或锦标赛纪律小组未处理，必须提交国际冰联纪律委员会处理。

14.2 理事会的组成

根据国际冰联章程第 50 条，锦标赛要组成理事会以处理相关纪律事项。具体来说，根据章程第 50 条的规定而特设的纪律小组，应该包括理事会的成员——其国家队（运动员、教练与球队官员等）不直接或间接涉及到待调查的事件。

14.3 理事会的程序

14.3.1 理事会对违反国际冰联官方竞赛赛规则的裁决，是国际冰联的最终决定，但可以根据章程第 57 条向体育仲裁法院提出上诉。针对理事会相关所有其他纪律问题的处罚决定，受罚者可根据本纪律准则第 12.5 条向纪律委员会提出上诉。理事会的处罚决定在上诉期间继续有效，除非纪律委员会和 / 或体育仲裁法院另有命令。

14.3.2 理事会的决定如果涉及：违反《国际冰球联合会管方冰球规则》的情况、可能影响比赛进程的情况，或者涉及运动员、教练或球队代表权利的情况，应当遵守正当程序的基本要素，包括但不限于，保证被告一方在听证会开始至少 4 个小时前接到通知，在下一场比赛前至少 6 小时参加听证。

15 锦标赛纪律小组（章程第 52 条）

15.1 锦标赛纪律小组权限

15.1.1 根据章程第 52 条的规定设立的锦标赛纪律小组，对于各类锦标赛期间发生的违反《国际冰球联合会管方冰球规则》的行为，具有管辖处理权力。在处理各类违反官方竞赛规则的事件时，纪律小组与纪律委员会具有同等的地位、管辖权、权力和权威；有所保留的是，锦标赛纪律小组的纪律处罚措施，仅限于所在的锦标赛。

15.1.2 锦标赛纪律小组的成员，不能担任纪律委员会决策小组的成员。这是因为，根据本纪律准则 14.1.4，由锦标赛理事会主席提交给纪律委员会去处理的的案件与事情，具体是由纪律委员会决策小组处理的。如果纪律委员会决策小组的成员，也是相应锦标赛纪律小组的成员，会于可能引起案情或事件。

15.1.3 锦标赛纪律小组应自动审查所有恶意犯规、严重违例案件的判罚，并根据规则 5 拥有的权威与自由裁量权、去评估所有其他涉及违反官方竞赛规则的事件，即便该事件在比赛中并没有被处罚。

15.2 锦标赛纪律小组的组成

15.2.1 锦标赛纪律小组应由国际冰联理事会任命的至少八名成员组成，他们必须熟悉冰球和《国际冰球联合会管方冰球规则》及比赛程序。在小组成员中，国际冰联理事会将任命一名首席纪律法官。如果他/她没有法律背景，锦标赛纪律秘书可就法律事项提供建议。由于锦标赛两个比赛场地之间的地理距离，为了方便起见，国际冰联理事会也可在锦标赛的另外一个场地任命第二位首席纪律法官。

15.2.2 锦标赛纪律小组成员，如果因为生病或有重大个人事项原因（例如，与案件的某方有个人或商业关系），可以放弃决策权；但个人事项原因不包括他是案件涉及的成员国家协会所在国家的公民。

15.3 锦标赛纪律小组的程序

15.3.1 锦标赛纪律小组的决定，是国际冰联的最终决定；但可以根据章程第62条，向体育仲裁法院提出上诉。除非体育仲裁法院另有其他命令，否则该决定在申诉期间将继续有效。

15.3.2 锦标赛纪律小组和参加比赛的成员国家协会，必须遵守国际冰联理事会为各个锦标赛赛季确立的锦标赛纪律指南中的纪律程序。这些纪律指南必须遵守正当程序的基本要求，特别是公平听证权利的要求；听证会不是公开的。纪律小组在没有听证的情况下，可以基于获得的证据进行裁决，如果被告人放弃了举行听证会的权利或不参加听证会。

后记

为响应“以2022年北京冬奥会为契机，大力发展冰雪运动”的时代号召，为助力“确保把北京冬奥会办成一届精彩、非凡、卓越的奥运盛会”的庄严承诺，为实现“三亿人参与冰雪运动，加快体育强国建设步伐”，中国冰球协会组织国内学者、专家，就国际冰球联合会最新出版的竞赛指导文件予以翻译、审校、编辑出版，以指导国内冰球赛事的组织筹办和运动队的参赛工作，从而提高国内冰球从业者的理论知识水平，推动冰球赛事科学、有序地发展。

竞赛体系的搭建与完善非一朝一夕，从赛事的分级分类、赛事的组织架构、赛事的安全监管等，都需要从理论到实践与国际冰球赛事接轨。本书得以组稿出版，特别感谢北京冬奥组委冰球竞赛团队、北京体育大学和无数冰球专家在国际国内冰球赛事组织管理方面做出的突出贡献。在此，也特别向王冠英、王绍裘、王应辅、白其斗、付进学等几代冰球竞赛前辈致以崇高的敬意。